31 DÍAS PARA SER UNA ESPOSA *feliz*

ARLENE PELLICANE

EDITORIAL PORTAVOZ

La misión de *Editorial Portavoz* consiste en proporcionar productos de calidad —con integridad y excelencia—, desde una perspectiva bíblica y confiable, que animen a las personas a conocer y servir a Jesucristo.

Título del original: *31 Days to Becoming a Happy Wife,* © 2014 por Arlene Pellicane y publicado por Harvest House Publishers, Eugene, Oregon 97402. Traducido con permiso.

Edición en castellano: *31 días para ser una esposa feliz,* © 2017 por Editorial Portavoz, filial de Kregel, Inc., Grand Rapids, Michigan 49505. Todos los derechos reservados.

Traducción: Ricardo Acosta
Diseño de portada: Dogo Creativo

EDITORIAL PORTAVOZ
2450 Oak Industrial Drive NE
Grand Rapids, MI 49505 USA
Visítenos en: www.portavoz.com

ISBN 978-0-8254-5689-3 (rústica)
ISBN 978-0-8254-6554-3 (Kindle)
ISBN 978-0-8254-8721-7 (epub)

1 2 3 4 5 edición / año 26 25 24 23 22 21 20 19 18 17

Impreso en los Estados Unidos de América
Printed in the United States of America

"Los más importantes logros de la vida se consiguen un paso a la vez. Treinta y un días no es mucho tiempo, pero si das pasos diarios, harás progresos. Arlene Pellicane ha transitado el camino y comunica ideas prácticas sobre cómo convertirse en una esposa feliz. Recomiendo este libro a todas las esposas que aspiran a algo mejor".

—**Dr. Gary Chapman**, editor general de la *Biblia devocional: Los lenguajes del amor*

"Este libro me cautivó. Página tras página, contiene ejemplos reales de mujeres comunes que descubrieron libertad, gozo y aventura a través de las desafiantes temporadas del matrimonio. La obra está llena de sabiduría, inspira esperanza y nos señala el amor poderoso y transformador de Cristo. ¡Gracias, Arlene!".

—**Lynn Donovan**, conferencista y autora de *Winning Him Without Words*

"En este nuevo, útil y profundo libro, la popular conferencista y escritora Arlene Pellicane explica el asombroso poder de una esposa feliz. Al igual que con sus demás libros, Arlene es positiva, alentadora y específica, y habla acerca de aspectos reales de la vida. ¡Tomar la decisión de convertirte en una esposa feliz transformará de modo radical tu mundo!".

—**David** y **Lisa Frisbie**, directores ejecutivos de The Center for Marriage and Family Studies y escritores de *Salga adelante después del divorcio*

"Si alguna vez has deseado un matrimonio mejor, lee este libro. Arlene Pellicane desenvuelve magistralmente cinco maneras específicas en que podemos incrementar nuestra felicidad como esposas. Este libro está lleno de ejemplos fascinantes, entrevistas cautivadoras, verdad bíblica, pasos de acción práctica y consejo de sentido común. Es poderoso para leerlo a solas, pero aún mejor cuando se utiliza como estudio de grupo con otras esposas que con sinceridad desean un cambio positivo".

—**Carol Kent**, conferencista y autora de *La nueva normalidad*

"El mensaje de Arlene Pellicane es tan claro, brillante, alegre y sabio como ella. Sea que estés recién casada o que lo hayas estado por mucho tiempo, aquí encontrarás consejo valioso y práctico. El formato diario hace que las verdades que Arlene ofrece sean fáciles de leer, absorber y aplicar, y los ejemplos de su propio matrimonio y de otras personas son honestos, a menudo chistosos y auténticamente útiles. ¡Me encantó!".

—**Liz Curtis Higgs**, afamada autora de *Mujeres de la Biblia… ligeramente malas*

"¿Has querido alguna vez ser una esposa feliz o incluso más feliz? Quizá la clave es que tu esposo haga algunos cambios. O tal vez, solo tal vez, tenga poco que ver con él y mucho que ver contigo. Si estás dispuesta a aplicar los conceptos presentados en el nuevo libro de Arlene Pellicane, puedes convertirte en lo que has deseado ser: una esposa feliz (¡y es posible que solo te lleve 31 días!)".

—**Kendra Smiley**, conferencista, locutora de radio y autora de *Por el bien de tus hijos... Ama a tu cónyuge*

"En este libro inspirador y divertido, Arlene se identifica de tal modo con cada esposa, que yo no podía parar de leer. Si estás lista para convertirte en una esposa feliz y ser feliz la mayor parte de tu matrimonio, ella te llevará allá en 31 días... ¡garantizado!".

—**Cindi McMenamin**, conferencista y autora de *Cuando una mujer se siente sola*

"Arlene fortalece a las mujeres utilizando una importante verdad que transforma vidas. Tú puedes elegir no solamente qué acciones tomar, sino qué actitudes adoptar. Muchas esposas se sienten atrapadas en su infelicidad conyugal y no pueden hallar una salida. *31 días para ser una esposa feliz* les ofrece una salida en forma práctica, bíblica y encantadora".

—**Leslie Vernick**, consejera, conferencista y autora de *Cómo vivir en un mundo egoísta*

"Una cosa es decir: 'Soy feliz', y otra es irradiar felicidad. Conozco a Arlene y a su esposo, y ellos expresan alegría y personifican la frase 'felices para siempre', que todas anhelamos. ¡*31 días para ser una esposa feliz* realmente es una aventura, una senda y una hoja de ruta para una vida feliz! Arlene te ayudará a encontrar gozo y satisfacción, así como consejo práctico y bíblico, y muchas ideas para hacerte sonreír".

—**Pam Farrel**, autora de cuarenta libros, entre ellos *El lenguaje secreto de las parejas exitosas*

A Noelle y Lucy:
Que crezcan hasta convertirse en esposas que realmente vivan felices para siempre.

Contenido

Introducción

¿Desearías ser más feliz?

No monto naturalmente en bicicleta. Tengo el recuerdo inconfundible de haber dirigido mi bicicleta directo contra un auto cuando era niña. Gracias a Dios, estaba estacionado, ¡solo que yo no supe cómo girar! Años después, cuando comencé a salir con James, supe rápidamente cuánto él amaba montar en bicicleta. Me dijo: "Cuando esté montando mi bicicleta, teniendo el mejor momento de mi vida, quiero mirar sobre el hombro y verte. No quiero ver a mis compañeros. Solo quiero verte *a ti*".

Eso fue suficiente para mi corazoncito enamorado. Me convertiría en ciclista. Fuimos al almacén de bicicletas con el fin de elegir una de montaña para mí. Esa fue la parte divertida. Pero luego tuve que montar de veras en esa cosa. La primera vez que fui por un sendero, tuve dificultades justo en la transición desde el estacionamiento hacia el camino. Debía mantenerme entre postes de madera, y me aterraba que fuera a dirigir la bicicleta directo contra uno de esos palos.

Mientras miraba aterrada aquellos postes de madera, estos se acercaban cada vez más, y de pronto James gritó: "¡Detente!". Era el momento para una lección de entrenamiento. Pronunció seis palabras sencillas que me han servido muy bien en la bicicleta y en mi vida.

Nos dirigimos hacia donde nos concentramos.

James me dijo que si me concentraba en los postes de madera, sin duda me dirigiría directo hacia ellos. Pero si me concentraba en el sendero entre los postes, con seguridad mi bicicleta seguiría ese camino.

Nos dirigimos hacia donde nos concentramos. Si en la vida nos enfocamos en nuestros problemas, nos llenaremos de ansiedad. Pero si nos centramos en lo que produce verdadera felicidad, podremos disfrutar la recién hallada satisfacción de este asombroso viaje de ser esposa. Es hora de enfocarnos en crear más felicidad en nuestros matrimonios.

¿Qué es la felicidad?

¿Es un propósito egoísta o un plan noble? ¿Obtenemos felicidad siendo hermosas, ricas, inteligentes o poderosas? Hay muchas ideas falsas en cuanto a la felicidad. Basta con mirar una publicidad, que nos seduce a comprar productos que prometen una vida feliz. Sin embargo, la felicidad no es un producto que podamos comprar con tarjeta de crédito. Es más como un subproducto de cómo vivimos.

Comparemos qué es felicidad y qué no es.

- La felicidad tiene que ver con satisfacción; no con comparación.
- La felicidad se preocupa de los demás; no solo de nosotras mismas.
- La felicidad está en paz con Dios; no tiene que ver con tratar de ganar un concurso de popularidad.
- La felicidad se alcanza cuando se la obsequia; no se obtiene acaparándola.
- La felicidad es decir gracias; no es decir que merecemos algo mejor.
- La felicidad puede vivir en cualquier circunstancia; no debe tener las circunstancias exactamente correctas en todo momento.
- La felicidad elige respetar; no elige tomar represalias.
- La felicidad perdona; no almacena rencores.

Ser una esposa feliz tiene mucho más que ver con creencia que con circunstancias. ¡Esto es una buena noticia! Significa que podemos actuar de adentro hacia afuera, a fin de producir más felicidad y gozo en nuestras vidas. Podrías estar pensando: *No entiendes. No nací para ser una persona feliz.* Estoy de acuerdo en que hay quienes, más que otros, se conectan con temperamentos alegres. Algunos bebés crecen para ser tigres, y otros para ser monstruos. Pero todos ustedes, monstruos, cobren ánimo: hasta un monstruo puede obtener más alegría de un día "superdesanimado". Las esposas felices se mantienen creciendo y aprendiendo, sin que importe cuál sea el punto de partida.

A. W. Tozer afirma: "El cristiano le debe al mundo ser sobrenaturalmente gozoso".[1] Ese es sin duda un giro en el pensamiento popular, que en general se describe mejor así: "El mundo debería hacerme feliz". Muchas personas ven la felicidad como algo que *tienen derecho de recibir*,

1. P. L. Tan, *Encyclopedia of 7700 Illustrations: Signs of the Times* (Garland, TX: Bible Communications, Inc., 1996).

en lugar de algo que *están obligados a dar.* Cuando crees en Dios, tienes una relación directa con el gozo que puedes ofrecer a otros. El Salmo 128:1 declara: "Feliz tú, que honras al Señor y le eres obediente" (DHH).

No es como revisar el clima

Mi familia vive en el sur de California, y debo admitir que somos malos meteorólogos. Ah, hoy tendremos 15 °C. Es mejor usar mangas largas y chaqueta. Constantemente reviso el clima para evaluar lo que los niños deben usar en la escuela. ¿Sabías que podemos "comprobar el clima" cuando se trata de la felicidad en nuestros matrimonios? Puedes medir tu felicidad como esposa mediante circunstancias y acontecimientos externos, los cuales, por cierto, muchas veces están fuera de nuestro control.

> *Clima lluvioso:* Oh, me quedé dormida, y mi esposo ni siquiera me habló antes de salir esta mañana. ¿Por qué es así mi esposo? ¡Qué infeliz soy!
>
> *Clima soleado:* Mi esposo me dejó una nota en que me decía cuánto me amaba. También va a llevarme a comer afuera. ¡Tengo una vida maravillosa!
>
> *Se aproxima una tormenta:* Hemos estado peleando por mucho tiempo. ¿Cómo rayos vamos a resolver esto?

Si tienes que mantener el dedo en el aire, comprobando el clima para determinar si vas a ser feliz o no, siempre estarás a merced de alguien más. He aquí una mejor manera de apropiarte de la felicidad, tomado del libro clásico de Dale Carnegie, *Cómo ganar amigos e influir sobre las personas*:

> Todo el mundo busca la felicidad, y hay un solo medio seguro para encontrarla. Consiste en controlar nuestros pensamientos. La felicidad no depende de condiciones externas, depende de condiciones internas. Lo que nos hace felices o desgraciados no es lo que tenemos, o lo que somos, o dónde estamos o lo que realizamos, nada de eso. Es lo que pensamos acerca de todo ello.[2]

2. Dale Carnegie, *Cómo ganar amigos e influir sobre las personas* (Bogotá: Círculo de Lectores, 1980), p. 85.

La felicidad no es un trabajo exterior, sino uno interior, que tiene mucho que ver con la forma en que pensamos. El propósito de este libro es cambiar tu manera de pensar y sobrealimentar tu fe. Una palabra en el título de este libro es importante para este proceso, y no es *feliz*. Es la palabra *ser*. ¿Crees en primer lugar que puedes llegar a ser una esposa más feliz de lo que eres? La frase *llegar a ser* tiene tres definiciones distintas muy útiles para tener en cuenta:

Llegar a ser es algo halagador. Cuando eres una esposa feliz, eres hermosa y atractiva.

Llegar a ser es el proceso de convertirte en algo. No estás atascada. Alístate para extender tus alas como esposa.

Llegar a ser es algo adecuado, conveniente y apropiado. Es conveniente que una esposa esté feliz. Esto no debería ser extraño o poco común.

Cinco claves de felicidad para esposas

Durante los próximos 31 días, vas a realizar tu propio experimento de ser una esposa feliz centrándote en cinco cualidades representadas por el acróstico FELIZ.

Ten **F**e
Sé adaptabl**E**
Ac**L**ara tus pensamientos
Plan**I**fica
Flexibilí**Z**ate

La *fe* actúa como la base. Debes confiar en tu mente y tu corazón en que un matrimonio más feliz está a tu alcance, y que la relación con tu esposo puede mejorar y mejorará. *Ten fe* en Dios, no en tu hombre ni en tu plan, sino en Dios.

Ser *adaptable* es importante porque las esposas no suelen recibir con beneplácito los cambios, los vuelcos y los avatares de la vida. No obstante, ¿qué tal si pudieras superar mejor los retos? ¿Qué tal si pudieras acomodarte de manera fácil y rápida a una variedad de circunstancias?

Cuando *aclaras* los pensamientos en tu vida y eres optimista, no solo eres un soplo de aire fresco para tu esposo, sino que esto hace que sea más fácil vivir contigo misma. Sabes que tener tus conceptos claros presenta muchos beneficios, así que es hora de aprender más acerca del optimismo.

Planificar con un propósito te mantiene viva. Tal vez te has sentido atascada en la misma rutina antigua en tu matrimonio. Es hora de obtener una visión fresca de lo que quieres ser como esposa y de cómo llegar allí.

Por último, como esposa feliz debes *flexibilizarte* para ceder ante Dios y ante tu esposo. Cuando permites que el Señor tome el control de tu corazón y de tu hogar, experimentas el gozo de recibir el cuidado de un Padre celestial amoroso.

Cómo aprovechar al máximo este libro

Puedes leer este libro en varias formas. Por favor, siéntete libre de adaptar a tu horario y tus preferencias el experimento de llegar a ser una esposa feliz. Puedes leer un capítulo al día y completar el libro en un mes. O tal vez querrás leer algunos días a la vez porque te sientes inspirada. Está bien. Quizá puedes tratar una de las letras del acróstico a la vez, leyendo los días 1-6 sobre cómo tener fe.

Lee en voz alta una vez al día la afirmación para esposas felices. Encontrarás esta afirmación diaria en la página 179. Copia esta declaración y ponla en lugares diferentes a fin de hacer más fácil recitarla a diario. Pégala en el espejo de tu baño, en tu computadora o en la refrigeradora. Es probable que te sientas un poco ridícula la primera vez que la leas en voz alta. Pero, después de unas pocas veces, parecerá algo más natural y disfrutarás el beneficio de poner cada día en tu mente pensamientos positivos acerca de ser esposa.

Inicia un grupo de discusión de esposas felices. Puedes leer el libro junto con un grupo de esposas que también deseen añadir más felicidad a sus vidas. Usa la guía de discusión en las páginas 183-189. Lo ideal es reunirse semanalmente durante seis semanas para analizar lo que han aprendido y reír juntas.

Da los pasos de acción. Nuevas actitudes y nuevas acciones van de la mano. A medida que pienses de forma diferente acerca de la felicidad, también vas a actuar de manera diferente. Al final de la lectura de cada día, hallarás breves secciones llamadas *Imagen de hoy* y *Oración de hoy.* A medida que pienses y ores acerca de ser una esposa más feliz, verás cambios positivos en tu vida que te van a gustar.

Medita en la Palabra de Dios. Recopilé una lista de versículos bíblicos respecto a la felicidad y el gozo, que puedes leer en voz alta y en los que puedes meditar a lo largo del día. Ve a la página 180 para leer lo que la Biblia dice acerca de la felicidad.

Muy bien, querida amiga, adelante y obséquiame una sonrisa. Eso está bien, ¡qué gran inicio! Alístate, porque en los próximos 31 días vas a encontrar alegría en lugares poco comunes y así obtendrás valiosas perspectivas en cuanto a lo que en realidad te hace feliz.

Mamá y yo asistimos a una clase semanal de bicicleta estática, y créeme, hay muchos días en que ejercitarme y sentirme feliz no van de la mano. Pero nuestra instructora siempre declara: "¡Simplemente ven a mi clase, y yo haré el resto!". Y en realidad, es cierto. Si voy a su clase, ella me presionará a hacer ejercicio, y después me sentiré mucho mejor.

Así que, para este experimento de ser una esposa más feliz, voy a darte ese mismo estímulo. Lo único que tienes que hacer es estar presente. ¿Recuerdas que te conté que yo no era talentosa sobre una bicicleta? Tal vez no te sientas talentosa cuando de felicidad se trata. No te preocupes. Lo único que tienes que hacer es enfocarte en leer cada día con corazón receptivo y agradecido. Y deja que este libro, obrando junto con el Espíritu Santo, te muestre cómo ser una esposa más feliz un día a la vez.

Cuestionario matrimonial

¿Eres una esposa feliz?

Antes de comenzar tu experimento de 31 días en la felicidad, toma un momento para evaluar cuán feliz eres hoy en tu matrimonio. Ten en cuenta que no hay respuestas equivocadas o correctas. No tienes que impresionar ni engañar a nadie, así que sé totalmente sincera en tus respuestas. Lee cada declaración y marca si principalmente estás de acuerdo o en desacuerdo.

1. Creo que tengo control sobre mi felicidad, no sobre mis circunstancias.

   ☐ De acuerdo ☐ No estoy de acuerdo

2. Mi esposo y yo no nos gritamos uno al otro ni utilizamos la ley del hielo.

   ☐ De acuerdo ☐ No estoy de acuerdo

3. Soy flexible y puedo adaptarme fácilmente a las necesidades de mi esposo y a los muchos cambios de la vida.

   ☐ De acuerdo ☐ No estoy de acuerdo

4. Descanso suficiente cada día y tengo buena salud.

   ☐ De acuerdo ☐ No estoy de acuerdo

5. No siento celos de otras esposas que podrían tener esposos más cariñosos o más posesiones materiales.

   ☐ De acuerdo ☐ No estoy de acuerdo

6. Disfruto hacer el amor con mi esposo, y tener intimidad física nos une de veras.

   ☐ De acuerdo ☐ No estoy de acuerdo

7. No me he quejado con nadie acerca de mi esposo en el último mes.

   ☐ De acuerdo ☐ No estoy de acuerdo

8. Creo que la felicidad es una habilidad que puedo aprender y mejorar.

   ☐ De acuerdo ☐ No estoy de acuerdo

9. Tengo una visión clara de lo que quiero en mi matrimonio.

   ☐ De acuerdo ☐ No estoy de acuerdo

10. Mi familia y mis amigos dirían que sonrío mucho.

    ☐ De acuerdo ☐ No estoy de acuerdo

11. Mi esposo y yo tenemos citas nocturnas regulares en que nos divertimos juntos.

    ☐ De acuerdo ☐ No estoy de acuerdo

12. Creo que mi esposo es el líder en nuestro matrimonio.

    ☐ De acuerdo ☐ No estoy de acuerdo

13. Expreso oraciones de agradecimiento a Dios por mi esposo casi todos los días.

    ☐ De acuerdo ☐ No estoy de acuerdo

14. Después que mi esposo se ha disculpado sinceramente, me es fácil perdonarlo.

    ☐ De acuerdo ☐ No estoy de acuerdo

15. Si me encuentro con una antigua amiga, se me ilumina el rostro cuando le describo cómo es mi esposo.

    ☐ De acuerdo ☐ No estoy de acuerdo

Suma el total de declaraciones con las que estás de acuerdo:

1-5: Es difícil para ti recordar cuándo el matrimonio fue divertido y sencillo; muchos días parecen una batalla cuesta arriba, y te cansa tratar de hacer que las cosas funcionen. Toma en serio este libro día a día con un corazón sincero y listo para cambiar.

6-10: Las cosas en tu matrimonio no están tan mal, pero tampoco son excepcionales. Tu matrimonio es más estable que muchos de los que te rodean, pero sabes que podría ser mucho más feliz. Toma la decisión de que tener un matrimonio promedio no es suficientemente bueno para ti. Querrás llevarlo al siguiente nivel y vivir con más alegría en casa.

11-15: Tienes un hogar pacífico y practicas muchos hábitos de la esposa feliz. Si haces unos pocos ajustes, irradiarás más gozo y experimentarás mayor satisfacción en tu matrimonio. Hoy día la vida es buena y mañana será aún mejor.

Enfoque 1

Ten Fe

E

L

I

Z

Día 1

La felicidad empieza conmigo

Puse en el Señor toda mi esperanza; él se inclinó hacia mí y escuchó mi clamor.
Salmo 40:1 (nvi)

Allí estábamos mi corredora de bienes raíces, mi esposo y yo, de pie frente a *nuestra* casa nueva, sonriendo y sosteniendo un brillante cartel de VENDIDA para la foto. La emoción de mudarnos a una casa grande había eclipsado temporalmente la enorme tensión de empacar tres semanas antes de Navidad. Yo no podía ver nada malo con la casa de mis sueños.

Entonces nos mudamos.

El lavabo del baño principal comenzó a gotear. Se suponía que el plomero llegaría por la tarde, pero no pudo hacerlo hasta después de la cena. Mientras él estaba trabajando debajo del lavabo, James y yo estábamos parados en nuestra cama tratando de arreglar el ventilador de techo y la luz. Me dolían los brazos mientras sostenía la luz en alto para que James pudiera trabajar con los cables. Digamos que no funcionó la primera vez (ni la segunda o tercera). La casa de mis sueños estaba resultando ser una gran cantidad de trabajo.

¿No se parece eso al matrimonio? Te casas con el príncipe Encantado sin que haya ningún defecto en él. Se ve perfecto. Y para ser justas, tampoco hay algún defecto en ti, Princesa. Pero cuando juntos empiezan a convivir día tras día, pronto te das cuenta de que debes efectuar algún trabajo duro en la relación a fin de mantener viva la magia.

¿El gozo de vivir en mi nueva dirección disminuyó el trabajo en mi casa? No, al contrario, el trabajo que hago en mi casa hace que me sienta más satisfecha y orgullosa de llamarla mía. Que un matrimonio requiera trabajo no supone que sea negativo. Es lo que lo vuelve *real.* Es más, eso es lo que lo hace realmente bueno.

Don Perfecto

¿Recuerdas cuando te diste cuenta de que habías conocido a don Perfecto? Me enamoré de James en un lugar muy extraño para veinteañeros: un hogar de ancianos. Podrías decir que me había flechado a primera vista. Un profético viernes por la noche, James y yo fuimos parte de una furgoneta cargada con estudiantes graduados que nos ofrecimos como voluntarios en el asilo local. Cuando él contaba una historia a una docena o más de ancianos residentes reunidos en la sala de recreación, algunos de ellos se habían quedado dormidos, pero yo estaba totalmente despierta. Oré en mi corazón: *Señor, ¡realmente deseo casarme con este hombre!*

Nos hicimos buenos amigos durante esas visitas al hogar de ancianos. Brindis en reuniones y viajes a la heladería. Pero para consternación mía, James me comunicó en términos inequívocos que nuestra relación era totalmente platónica. Me tomó muchos meses liberar ante Dios mis sentimientos de amor. Después de todo, el estómago aún me daba vueltas cuando veía a mi "amigo". Sin embargo, un día le dije a Dios: *Estoy cansada de esperar. Renuncio a mi sueño de casarme con James.*

Algunas semanas después, ocurrió algo cómico. James me pidió que saliéramos en una cita doble. Luego me pidió que saliéramos en una cita verdadera. Él estaba planeando hablarme acerca de su cambio de opinión delante de un cucurucho de helado, pero por fortuna un amigo más viejo y más sabio abogó por una ubicación mejor. Así que, ante un pastel de chocolate en un buen restaurante, me regaló una rosa amarilla y una rosa roja. Confesó que estaba feliz de que fuéramos amigos y que quería averiguar si había algo *más*.

Menos de un año después, recorríamos un pasillo central pronunciando esa palabra mágica: "Sí". Vaya, estaba feliz de que hubiera habido más.

Falsa esperanza para la felicidad

James tenía un trabajo en Dallas, así que me mudé de un trabajo de ensueño en Virginia Beach para unírmele. Pero no me importó. ¡Estaba casada! Vivimos en un apartamento de una habitación en un cuarto piso, al que llamamos el nido de amor. Teníamos pocos muebles, pero mucho amor. Un día recurrimos incluso a cubrir las ventanas con bolsas negras de basura para simular revestimientos de ventanas. Pareció que resultaron, así que las dejamos durante meses. Yo era una esposa feliz, incluso con bolsas negras de basura alrededor de mis ventanas y cuatro tramos de escaleras que debía subir y bajar todos los días.

Mi felicidad no dependía de entornos elegantes o de un ascensor en funcionamiento. Sencillamente, estaba muy feliz de tener y poder contar con alguien por siempre. Las pequeñeces no me molestaban. Conversaciones diarias, besos y detallitos dulces llenaban mi tanque cada día. Pero esa felicidad natural disminuyó poco a poco, a medida que las cuentas y las responsabilidades aumentaban.

¿Te identificas?

Tal vez en lugar de que tu esposo te lleve a cenar por la noche, vuelve a quedarse hasta tarde en la oficina. Ya no se sienta para prestarte toda la atención como solía hacer. Cuando te besa, a veces no sientes esa chispa. Y si no tienes cuidado, podrías encontrarte pensando: *Ya no me haces feliz.*

Me gusta la historia que John Maxwell cuenta en su libro *Haga que su día cuente*. Él y su esposa Margaret habían estado casados por algunos años. John estaba hablando en una conferencia de pastores, y ella estaba presentando una sesión para las esposas. John escribe:

> Durante el tiempo de preguntas y respuestas, una mujer se puso de pie.
>
> —¿Te hace feliz John? —preguntó.
>
> Debo confesar que estaba realmente esperando oír la respuesta de Margaret. Soy un esposo atento y la amo mucho. ¿Qué tipo de elogio me daría mi esposa?
>
> —¿Me hace feliz John? —consideró ella—. No. No me hace feliz.
>
> Miré dónde se hallaba la puerta de salida más cercana.
>
> —Los primeros dos o tres años de casados —continuó Margaret—, creí que era obligación de John hacerme feliz. Pero no lo hizo. Él no era malo conmigo ni nada por el estilo. John es un buen esposo. Pero nadie puede hacer feliz a otra persona. Esa era mi responsabilidad.[1]

Es mi responsabilidad

Antes que pueda haber una esposa feliz, tiene que existir la persona feliz que debes ser tú. La felicidad empieza con la decisión que tomas. Cuando despiertas a la mañana, no solo decides lo que vas a desayunar. Decides si vas a estar irritada o equilibrada, alegre o melancólica. Una

1. John Maxwell, *Make Today Count: The Secret of Your Success Is Determined by Your Daily Agenda*, (Nueva York: Hachette Book Group USA, 2004), pp. 2-3. Publicado en español por Center Street con el título *Haga que su día cuente*.

actitud no se te impone. Tienes el gran honor de elegir cómo reaccionarás en tu matrimonio cualquier día.

La escritora Cindi McMenamin declaró:

> Al escribir *When a Woman Inspires Her Husband* [Cuando una mujer inspira a su esposo], les dije a mis lectoras que durante años estuve orando para que mi esposo cambiara y se adaptara a mí. Finalmente, debí decir: "Dios, cámbiame. Hazme la clase de esposa que él necesita". Al volverme más adaptable, de pronto hubo una equiparación diferente. Nuestro matrimonio cambió para bien, y me convertí en una esposa feliz.[2]

La felicidad en el matrimonio puede encontrarse en algunos lugares contrarios a la intuición: sirviendo a tu esposo en vez de esperar que él te sirva; buscando a Dios en lugar de buscar tu propio bien; tomando decisiones sabias en vez de esperar grandes circunstancias.

Que seas feliz no depende de tu esposo, de tu dirección o de tus circunstancias. Tú eres la única que en definitiva toma la decisión de elegir el gozo. Si pones tu esperanza en que tu matrimonio te haga feliz, resultarás desilusionada. Pero si pones tu esperanza en Dios, en Él encontrarás suficiente gozo que te durará toda la vida.

Borrón y cuenta nueva

Es fácil caer bajo la presión del matrimonio necesitado de reparaciones y de la vida menos que perfecta. Cuando miras a tu alrededor, ves a muchas personas que se lamentan de sus matrimonios. Llegar a ser una esposa feliz parece imposible en muchas formas. Sin embargo, en esta desesperación, la esperanza puede brillar de veras. ¿Es posible experimentar gozo con regularidad en tu matrimonio? ¿Puedes ser realmente feliz en tu situación actual? Si estás casada con un hombre decente que no te maltrata, estoy aquí para decirte que en realidad la felicidad puede comenzar contigo. Pero debes empezar poniendo tu esperanza en Dios.

Cada víspera de Año Nuevo, más de mil millones de personas en todo el mundo se pegan al televisor para ver caer una bola unos cuarenta y cinco metros por un asta de bandera. ¿Por qué todo el bullicio alrededor de una bola brillante en Times Square? Tal vez sea

2. Entrevista personal con Cindi McMenamin, 26 de febrero, 2013.

porque, de manera inexplicable, somos atraídos a la esperanza de nuevos comienzos. Borrón y cuenta nueva durante 365 días, brillantes y sin equivocaciones.

Dios es un Dios de nuevos inicios. Isaías 43:18-19 afirma bellamente:

> No os acordéis de las cosas pasadas, ni traigáis a memoria las cosas antiguas. He aquí que yo hago cosa nueva; pronto saldrá a luz; ¿no la conoceréis? Otra vez abriré camino en el desierto, y ríos en la soledad.

Estés donde estés en tu matrimonio, puedes convertirte en una esposa muy feliz y llena de esperanza. Esta es la hora del renacimiento. Me gusta cómo lo dice la novelista Susan Meissner: "Renacimiento es una palabra con esperanza infundida en cada letra".[3]

Imagen de hoy

¿Recuerdas la primera vez que besaste a tu esposo? Deja que tu mente se detenga en ese hormigueo mágico que sentiste en la boca del estómago. Imagínate sintiéndolo de nuevo la próxima vez que veas hoy a tu esposo.

Oración de hoy

Señor, te agradezco por darme un hombre extraordinario en mi esposo. Ayúdame a comprender que no es obligación suya hacerme feliz. Te entrego mi actitud y te pido que me ayudes a decidir gozarme cada día de modo que yo asuma la responsabilidad por mí. No quiero seguir el patrón de este mundo, sino que deseo ser transformada por la renovación de mi mente. Inúndame hoy de amor por mi esposo.

3. Susan Meissner, *The Girl in the Glass* (Colorado Springs, CO: WaterBrook Press, 2012), contraportada.

Día 2

Los años son cortos

He aquí, diste a mis días término corto, y mi edad es como nada delante de ti; ciertamente es completa vanidad todo hombre que vive.

Salmo 39:5

¿Cuándo fue la última vez que no supiste valorar a tu esposo? Lo más probable es que no lo hicieras a propósito. Simplemente sucedió. Sharon Jaynes recuerda a las parejas que no deben subestimarse uno al otro. Hace dos años murió su suegro. Seis meses después, murió su suegra. Sharon comenta: "No sabemos cuánto tiempo vamos a tener con nuestros cónyuges".[4]

Cada día, cada mes, cada año que tienes con tu esposo es precioso. Pregúntale a mi amiga Amy.

> Mi esposo Dan tenía gozo por la vida, gozo por Jesús y pasión por su trabajo. Si lo hubieras conocido, al instante habría sido tu amigo. Él era auténtico, esa fue la palabra que siempre usábamos para las personas que eran las mismas tanto por fuera como por dentro.

Dan y Amy se conocieron por un amigo en común. Se casaron en 1998 y se convirtieron en una familia combinada con el empuje de la chica seria. Dan tenía cuatro hijas, y Amy tenía dos. Dan llamaba a todas las chicas y a Amy sus "Magníficas Siete". Con poco más de cincuenta años, Dan disfrutaba buena salud y se ejercitaba con regularidad, así que cuando se desplomó en la sala viendo fútbol el lunes por la noche, nadie podía imaginar qué sucedería a continuación.

Una visita a la sala de urgencias y luego al hospital dio a conocer lo impensable: un tumor en la cabeza de Dan. Amy y Dan pidieron en

4. Entrevista personal con Sharon Jaynes, 25 de febrero, 2013.

oración lo mejor, pero después que el tumor fue retirado, una palabra los hizo tambalear: *Maligno.* El pronóstico de vida para alguien en la condición de Dan era de seis meses a tres años. Ambos decidieron enfocar sus pensamientos en el Señor, y su consuelo y paz. Amy recuerda:

> Yo quería que envejeciéramos juntos, que compartiéramos nuestros nietos, engordando juntos, horneando galletas y todo eso. Fácilmente pude empuñar la mano y exigir a Dios que lo curara. Pero pensé que no debía exigirle nada a Dios. Pedí y dejé los resultados en sus manos. Pero recuerdo haber pensado: *Señor, no conozco un hombre mejor que el esposo que me diste. Si él completó sus obras aquí en la tierra, ¿quién soy yo para impedir que reciba sus recompensas en el cielo?* Por supuesto, esperas que tu vida llegue a los años de ancianidad, eso es lo que esperas, pero podrías ser llamado a casa en cualquier momento.

En una de sus citas médicas regulares, Amy vio que el brazo izquierdo de Dan se puso flácido, y a ella se le fue el alma a los pies. El doctor le dijo a Dan que basado en los síntomas, no tenía más de noventa días. Pero ni siquiera el pronóstico de Dan pudo desalentar su espíritu indomable. Él diría: "¿Quién no envidiaría mis días? Me levanto, desayuno, almuerzo y ceno con mi mejor amiga, Amy. Hablo, camino, levanto pesas, leo y oro todo lo que quiero".

Dan comenzó a contar sus días, y una vez que pasó esos tres meses, los llamó días extra. Solía decir: "¡Estoy en mi día extra número quince!". No solo llevaba registro de sus días extra en su calendario, sino que los calificaba así: Día A +, Día mágico, Día de mucho gozo y Día dorado. Usaba un sistema de puntos para determinar la calificación, otorgando puntos por cosas, tales como cenar con Amy u oír cantar un pájaro por la mañana. Amy recuerda que Dan le pedía que se sentara en el patio para mirar alrededor. Él podía ver cosas que ella a menudo no observaba.

Bien hecho

Cuando Dan hablaba del cielo, solía decir que Jesús iba a saludarlo con una taza de café y un pastel de nuez, porque esas eran dos cosas que el estómago no le permitía comer aquí en la tierra. Amy bromeaba: "¡Recuerda que Jesús es pescador!".

A Dan le estaba yendo bien cuando, de repente, dio un vuelco. Amy se vio obligada a llevarlo a un centro de rehabilitación. Solo dos semanas después, recibió una llamada. La enfermera le dijo que Dan estaba respirando con dificultad y que lo mejor era que ella fuera al instante.

> Conduje tan rápido como pude, pensando: *Dan, no te me mueras ahora que no estoy contigo.* Incluso antes del tumor, ambos habíamos dicho que queríamos que el otro nos diera nuestro último trago de agua y nos sostuviera la mano antes que Dios nos llevara a casa.
>
> Corrí a su habitación. Dan estaba inconsciente y con una máscara de oxígeno, pero tenía esa aura a su alrededor. Parecía como si se estuviera restaurando delante de mis propios ojos. Le sostuve la mano. Llamé a su padre y a su madrastra, y justo después de escuchar sus voces exhaló su último aliento, y Dios lo llevó a casa. Me di cuenta de que, en ese momento, Dan estaba viendo a Jesús. Entonces lo abracé y dije: "Bien hecho, Dan. Buen trabajo".
>
> Dan quería oír más que nada en el mundo: "¡Hiciste bien, siervo bueno y fiel!". Y sé que lo oyó y que se hallaba bien. Supe que él estaba experimentando tal gozo, y yo me encontraba sumamente feliz.

¿Dijo ella *feliz*? ¿Cómo podía Amy regocijarse en ese momento de profunda pérdida personal? Ella podía ver algo que la mayoría de nosotras pasamos por alto. Entendió que Dan estaba en la eternidad con Jesús y que algún día Amy también se le uniría. Que la despedida es breve, y la bienvenida es larga.

> Dan fue un regalo para mí. Yo no era su dueña. La Biblia dice que no somos posesión nuestra, que fuimos comprados por precio. Pedí prestado a Dan y sé que lo volveré a ver. La vida es corta, vivamos lo que vivamos, y en un abrir y cerrar de ojos voy a volver a verlo.[5]

Cielo y tierra

El Salmo 39:5 nos dice que la vida de una persona está determinada y que "no es más larga que el ancho de mi mano" (NTV). El ancho de la mano es una medida que equivale a no más de nueve centímetros. Mira

5. Entrevista personal con Amy Youssi, 2 de junio, 2006.

tu mano. No es muy ancha en comparación con la longitud de un campo de fútbol o del Gran Cañón, ¿no es así? Ese es un ejemplo imperfecto de lo breve que es nuestra vida en la tierra comparada con la eternidad. De alguna manera, Amy sabía que el dolor que sintió al perder a su esposo era corto (el ancho de la mano) comparado con el gozo que un día ella iba a experimentar en la eternidad.

La próxima vez que te pongas crema en las manos, detente por un momento. Piensa en que tu vida es un simple palmo. Ninguna de nosotras poseemos a nuestros esposos ni podemos garantizar cuánto tiempo estarán con nosotras en esta tierra. Con la brevedad de la vida en mente, ¿estamos como esposas aprovechando al máximo cada día? No subestimemos a nuestros esposos. No esperemos hasta mañana para arreglar las cosas con ellos. Sigamos el ejemplo de la historia de Amy. Vivamos nuestros días como si fueran Días extra, Días dorados o Días A+.

La esposa feliz puede tener esperanza en todas las circunstancias, porque sabe en definitiva que está invirtiendo en una casa no hecha por manos humanas. Ella espera oír esas palabras: *Bien hecho, buena sierva y fiel.* Si este es un momento difícil en tu matrimonio, aférrate a la esperanza y sigue haciendo lo correcto para fortalecer a tu esposo. Tus buenas obras no pasarán inadvertidas para tu Padre celestial. Los sacrificios que haces hoy por el bien de tu matrimonio son pequeños en comparación con las recompensas celestiales en el futuro.

Imagen de hoy

Mira una fotografía de tu esposo e imagina que lentamente su imagen se desvanece. ¿Cuánto lo extrañarás cuando él se haya ido? Vendrá el día en que habrá acabado el tiempo de tu esposo en la tierra. Mientras él esté aquí contigo, toma la decisión de apreciarlo todos los días.

Oración de hoy

Señor, ayúdame a contar mis días para obtener un corazón sabio. Sé que un día estaré delante de ti. Quiero vivir de tal manera que cuando vaya al cielo, te oiga decir: "Bien hecho, sierva buena y fiel". Ayúdame a querer y apreciar a mi esposo. No deseo subestimarlo. Gracias por dármelo. Todo don bueno y perfecto viene de ti, Señor, y estoy muy agradecida.

Día 3

El futuro empieza hoy

Comerás del trabajo de tus manos, serás feliz y te irá bien.
SALMO 128:2 (BLP)

Cuando mi hija Lucy tenía tres años, soñaba con el día en que iría a Disneylandia. Le habíamos mostrado fotos del famoso parque temático y le prometimos que pronto iríamos a visitar a Mickey y Minnie Mouse. Por supuesto, ¡ella no quería demorar un segundo!

—¿Vamos hoy? —preguntaba con gran emoción.

—No, iremos la semana entrante —le contestaba.

Cada mañana de esa semana, Lucy despertaba e inmediatamente preguntaba:

—¿Es hoy mañana?

En realidad se oía más como "¿Es hoy manana?".

—No, hoy todavía no es mañana —yo le contestaba riendo.

Finalmente llegó el día en que salimos para Disneylandia, y cuando Lucy hizo su pregunta, le respondí con alegría:

—¡Sí! ¡Hoy *es* mañana!

Del mismo modo que mi Lucy de tres años quería experimentar ahora mismo la diversión de mañana, a veces como esposas soñamos con nostalgia en el futuro.

Mañana tendremos más dinero.

Mañana él será más romántico.

Mañana seremos más felices juntos.

Mañana la vida será más fácil.

Pensamos que de alguna manera *mañana* ocurrirá algo mágico que cambiará nuestra circunstancia. Pero, en el fondo de nuestros corazones, sabemos que este pensamiento no es cuerdo. La última vez que te diste cuenta, el hada madrina no estaba haciendo visitas a domicilio en tu calle.

¿Has pensado alguna vez de ti misma: *Yo sería feliz si…*? Sharon Jaynes afirma que esa es una mentira peligrosa que muchas esposas creen.

> Piensa en Eva. ¡Ella es la única mujer que ha tenido un esposo perfecto! Y sin embargo, Satanás entró al huerto y le dijo a Eva que sería feliz *si*... Creo que eso es lo que el maligno hace con esposos y esposas. Serás feliz *si* tu marido es diferente en alguna manera. Serás feliz *si* tu esposo hace esto por ti. ¡Hay demasiados *síes*! Pero no vas a ser feliz a menos que seas feliz, y esto no tiene nada que ver con tu esposo. Ser una esposa feliz no puede depender de tu esposo ni puede depender de tus circunstancias. El único lugar en que vas a encontrar verdadera felicidad es teniendo una relación con Jesucristo. Cuando eso ocurra y permitas que Dios sea tu fuente de felicidad, serás una esposa feliz.[6]

Hoy importa

Si Eva nos muestra los problemas que suceden cuando decimos: "Yo sería feliz si...", quizá Abigaíl nos muestre lo bueno que ocurre cuando decimos: "Soy feliz a pesar de...". Abigaíl estaba casada con un hombre muy rico (hasta aquí, todo va bien). Sin embargo, su esposo acaudalado, esquilador y terrateniente también era malhumorado, arrogante, deshonesto y malvado. La Biblia nos cuenta la historia de Abigaíl en 1 Samuel 25.

El nombre de Abigaíl significaba "mi padre se alegró", mientras que el nombre de Nabal su esposo significaba "insensato". Un matrimonio no exactamente hecho en el cielo. La Biblia describe a Abigaíl como hermosa e inteligente, y a Nabal como la antítesis. Pero algo estaba a punto de ocurrir para probar a Abigaíl. El modo en que ella respondería en solo un día iba a afectar todas sus mañanas posteriores. Permíteme preparar el escenario.

Nabal estaba celebrando un gran banquete para sus esquiladores. Por otra parte, y mientras se escondían de Saúl, David y sus hombres habían protegido de los filisteos a los pastores de Nabal en el desierto. Al enterarse de la gran dadivosidad, y pensando en sus hombres hambrientos, David envió a diez mensajeros a preguntar si podían obtener comida que sobrara de la fiesta.

Llevado por su estupidez, Nabal no solo declinó la petición, sino que insultó a los mensajeros, preguntando a gritos: "¿Quién es este David? ¿Por qué debo tomar mi pan y mi agua y darlos a hombres que vienen quién sabe de dónde?".

---

6. Entrevista con Sharon Jaynes.

David se enfureció por este informe y preparó a cuatrocientos hombres para batallar y destruir la casa de Nabal. Mientras tanto, uno de los criados de Nabal le contó a Abigaíl todo lo que había ocurrido. Ella actuó con toda rapidez y envió a sus criados a interceptar a David con obsequios de pan, vino, ovejas, grano tostado, pasas e higos, con el fin de apaciguarlo. Abigaíl misma tomó medidas: montada en un burro entró a un desfiladero en las montañas, mientras David y sus hombres descendían por allí. La mujer desmontó rápidamente y se inclinó delante de David, disculpándose por la estupidez de su esposo y reconociendo el reinado futuro de David. Debido a esa sabiduría y sano juicio, David aceptó las disculpas, y no se derramó sangre. Abigaíl había salvado su casa.

Si yo hubiera estado casada con Nabal, es posible que hubiera pensado: *¡Se lo merece!* Y me habría dirigido a las montañas. Pero Abigaíl actuó con la esperanza de salvar su casa, sin importar lo disfuncional que esa casa fuera. Creo que ella entendió que si seguía haciendo lo correcto *hoy*, sus *mañanas* funcionarían. Abigaíl no quería que alguien más hiciera algo. No postergó su plan. Asumió la responsabilidad no solo por sus propias acciones, sino por las acciones insensatas de su marido.

Lo que experimentes mañana tiene mucho que ver con lo que haces hoy. Abigaíl no se quedó esperando, suspirando por un futuro brillante. Cada día actuó con conocimiento y sabiduría. Cuando asumes la responsabilidad por tu propia vida, recibes esperanza para cambiar. No eres una víctima de las carencias de alguien más.

En cuanto a Abigaíl, le contó a Nabal todo lo que había acontecido en su encuentro con David, y el corazón de Nabal comenzó a fallarle. Como diez días después, Dios golpeó a Nabal, y este murió. Entonces David le pidió a Abigaíl que fuera su esposa. Observa cómo Abigaíl no debió conspirar ni planear nada para hacer que estos acontecimientos poco comunes sucedieran. Simplemente, anduvo con sabiduría cada día, y en su omnipotencia, Dios le aseguró a ella este brillante futuro.

No dejes de creer

Podrías estar pensando: *No soy tan fuerte o valiente como Abigaíl, o no tengo la fe de ella.* Tal vez la fe y la determinación de esta mujer te parezcan extrañas. No permitas que la duda obstaculice tu felicidad. Quizá pienses en secreto que no mereces ser feliz o que la felicidad es para otras personas. Si no crees en un futuro brillante para tu matrimonio, hoy mismo lo estarás saboteando.

Cuando Jesús fue a su pueblo natal, los habitantes no podían creer que fuera un profeta. Después de todo, ¿no se trataba tan solo del hijo del carpintero? No tenía ningún sentido que el hijo de José y María pudiera ser divino. La Biblia nos dice que Él se asombró de la falta de fe en ellos y que no pudo hacer muchos milagros allí, excepto poner las manos sobre algunas personas enfermas y curarlas (Mr. 6:5-6). La incredulidad actúa como un grillete, manteniéndote presa de la ansiedad y obstaculizando tu gozo. Por tanto, la pregunta es: "¿Quieres ser liberada?".

Un hombre que había sido inválido por treinta y ocho años yace cerca de un estanque llamado Betesda en Jerusalén, junto con muchas otras personas discapacitadas que esperan una cura milagrosa (Jn. 5:1-15). Jesús lo ve y hace una pregunta que parece extraña y evidente: "¿Quieres ser sano?". ¿Estaba fingiendo el hombre enfermo o realmente quería ser curado?

¿No es verdad que a veces no queremos ser curadas de nuestra infelicidad? Nuestras frustraciones pueden sentirse cómodas. Estamos acostumbradas a conmiserarnos entre amigas. Si fuéramos *felices*, ¿de qué hablaríamos durante las citas de café y de cena con las chicas?

El hombre crónicamente enfermo le dijo a Jesús que no tenía a nadie que le ayudara a entrar al estanque cuando el agua se movía. Jesús le dijo que se levantara, y al instante el enfermo fue curado. Al igual que ese hombre, tus mañanas pueden ser tocadas y cambiadas en un instante por una palabra de Jesús: *¡Levántate!* Ten fe para creer que Dios desea bendecir tu matrimonio y llenarte de su gozo. Él quiere curar tu quebranto y restaurar la plenitud en ti. Pero primero debes desear ser curada. Debes estar dispuesta a actuar en fe hoy.

Zig Ziglar declaró: "Si no te ves como ganador, entonces no puedes actuar como ganador".[7] ¿Puedes imaginarte como si fueras una ganadora y como si fueras feliz en tu matrimonio? ¿Quieres un futuro suficientemente brillante para hacer algunos cambios positivos hoy? ¿Recuerdas lo que mi hija Lucy preguntaba: "¿Es hoy mañana?"? Sí, supongo que en cierto modo lo es. Si quieres ser más feliz mañana, tienes que comenzar como una ganadora hoy.

Imagen de hoy

Toma dos hojas de papel. En una escribe: "Soy una esposa infeliz". En la otra escribe: "Soy una esposa feliz". Ahora toma la hoja "Soy una

7. En línea, www.brainyquote.com/quotes/authors/z/zig_ziglar_2.html (consultado el 22 de mayo, 2013).

esposa infeliz" y rómpela. ¡Puedes pararte en esos pequeños pedazos de papel si deseas hacerlo! Ya no te aferrarás a esta creencia limitante. Ya no creerás la mentira de que "serías feliz si...". Eres una esposa feliz *hoy* porque puedes encontrar algo en tu matrimonio, algo por qué estar agradecida ahora mismo.

Oración de hoy

Señor, admito que a veces no creo que pueda ser feliz en medio de mis circunstancias. Perdóname por declarar: "Yo sería feliz en mi matrimonio si...". Ayúdame a ser más como Abigaíl y a hacer lo correcto a pesar del comportamiento de mi esposo. Según creo, harás que todo obre para mi bien. Cúrame de mi incredulidad y negatividad. Creo que tienes el poder para curar mis emociones. Seré diligente en obedecer hoy tu Palabra, sabiendo que cuando sea obediente, me bendecirás en el futuro.

Día 4

Boca abajo

A quien amáis sin haberle visto, en quien creyendo, aunque ahora no lo veáis, os alegráis con gozo inefable y glorioso.
1 PEDRO 1:8

Me hallaba irritada por todas las pequeñeces. Tuve que pararme en una larga fila en la oficina de correos. Lucy me había hecho sentir mal porque quería tomar su siesta. Me puse a cortar pollo con el fin de ponerlo en una cacerola para la cena. De todos modos, ¿por qué se necesita tanto tiempo para preparar las comidas? Me hallaba de mal humor, aunque en realidad no tenía un buen motivo para estar así. Mientras rezongaba ante el pollo, James se encontraba en la sala de estar practicando su guitarra. Tocaba un cántico de adoración, y comencé a cantar.

Mi ansiedad e irritación desaparecieron después de la primera estrofa. Fui tocada al entonar esa canción acerca del asombroso amor de Dios. El Espíritu Santo me inundó el corazón, y al instante me hallé en paz. Toda mi lucha no podía producir felicidad, pero en un momento, Dios me llenó con ese gozo inefable y glorioso.

La humildad del matrimonio

La Biblia nos dice en 1 Pedro 5:5 que Dios resiste a los soberbios, pero que da gracia a los humildes. Puesto que el matrimonio es un lugar ideal para humillarnos con regularidad, ¡hay innumerables oportunidades de recibir la gracia de Dios! La escritora Poppy Smith recuerda una ocasión en que, al borde de la desesperación, se humilló delante de Dios. Nacida en Inglaterra, Poppy se crio allí y en Sri Lanka, Singapur y Kenia. De joven estaba trabajando en Nairobi cuando un apuesto estadounidense entró a su iglesia y en su vida. Poppy afirma:

> Creo que yo era como muchas mujeres: ingenua y soñadora. Te enamoras y solo quieres casarte y tener hijos. En realidad, no prestas mucha atención a asuntos de compatibilidad, porque supones que eres compatible.

Poppy tenía veintidós años cuando se casó con ese estadounidense de ensueño. Jim tenía treinta y dos años, y rápidamente descubrieron que eran tan incompatibles como dos personas podrían ser. Él venía de un hogar cristiano conservador, donde las mujeres conocían su lugar y cuidaban de la casa. Poppy creció en un hogar no cristiano y había sido cristiana solo algunos años. Ella era habladora, y él silencioso. Ella nunca había estado en los Estados Unidos, y él nunca había estado en Inglaterra. Se mudaron a los Estados Unidos, y ahora Poppy trataba con un matrimonio reciente, un nuevo país, soledad, arrepentimiento e ira.

A los seis meses de casados, Poppy le dijo a Jim que habían cometido una enorme equivocación al casarse. Aunque eran cristianos comprometidos, no sabían cómo llevarse bien ni cómo suplir cada uno las necesidades del otro.

> Entré en una crisis emocional y espiritual en mi tercer o cuarto año de matrimonio. Me sentía totalmente oprimida por las expectativas que mi esposo se había hecho durante su formación. Me hallaba muy sola. Constantemente, él se iba de casa con su residencia médica y no sabía cómo tener empatía conmigo. Un par de años después, comencé a rogarle a Dios que me mostrara cómo salir bíblicamente de mi matrimonio, pero no pude encontrar la incompatibilidad como razón. Pensé que me daría un colapso emocional porque me hallaba muy deprimida o hirviendo de ira. Simplemente clamé al Señor, y Él me dejó muy en claro: *Poppy, déjame cambiarte. En lugar de enfocarte en Jim y en todas las cosas que no te gustan acerca de él, permíteme obrar en ti.*
>
> Me había convertido en alguien a quien odiaba. Nunca esperé ser una persona tan enojada, amargada y resentida. Las cosas que yo decía eran muy crueles y degradantes. Me quebranté delante de Dios. Yo quería agradar al Señor, pero simplemente no sabía cómo hacerlo.[8]

A pesar de sentirse miserable en el matrimonio, Poppy tenía un deseo profundo de honrar y obedecer a Cristo amando a su esposo. Comenzó a ver que su matrimonio daba la vuelta cuando se humilló y declaró: *Señor, cámbiame.* Eso fue hace cuarenta y cinco años. Poppy ríe hoy y dice que con su esposo han llegado tan lejos porque ella dejó de tratar de

8. Entrevista personal con Poppy Smith, 18 de febrero, 2013.

cambiarlo. En lugar de eso, le pidió a Dios que le mostrara en qué debía cambiar ella. Muchas veces Dios utiliza nuestras aflicciones actuales para hacernos humildes. Esa humildad puede entonces abrir un camino hacia la esperanza y la felicidad.

La tensión del salmo de Etán

Mi primogénito se llama Etán (Ethan, en inglés) y quedó encantado de encontrar el Salmo 89, que fue escrito por "Etán ezraíta". El Etán de la Biblia empieza su hermoso salmo ensayando los atributos de Dios y las bendiciones del creyente.

> Tuyos son los cielos, tuya también la tierra; el mundo y su plenitud, tú lo fundaste (Sal. 89:11).

> Bienaventurado el pueblo que sabe aclamarte; andará, oh Jehová, a la luz de tu rostro. En tu nombre se alegrará todo el día, y en tu justicia será enaltecido (vv. 15-16).

Pero Etán lamenta que el rey haya sido derrotado a pesar de las promesas de Dios:

> Embotaste asimismo el filo de su espada, y no lo levantaste en la batalla (v. 43).

> ¿Hasta cuándo, oh Jehová? ¿Te esconderás para siempre? ¿Arderá tu ira como el fuego? (v. 46).

El salmo de Etán describe la antigua tensión entre las promesas de un Dios fiel y las duras realidades de la vida cotidiana. Piensa en cómo este salmo se aplica a ti como esposa. Sabes que Dios ha ordenado tu matrimonio y que ha proporcionado todo lo que necesitas para su éxito, ¿por qué entonces es tan difícil llevarse bien a veces? Tal vez no sientes que el Señor te apoye en tu matrimonio. De modo intelectual, sabes que Dios reina sobre todo; sin embargo, ¿por qué parece estar escondido de ti? ¿Por qué no interviene en tu matrimonio?

Incluso con sus preguntas y quejas, Etán ezraíta termina su salmo con alabanza:

> Bendito sea Jehová para siempre. Amén, y Amén (v. 52).

Al final de su desahogo, si se quiere, Etán reafirma su alabanza a Dios porque es verdadero y bueno. Y como si un Amén (una proclamación de acuerdo o asentimiento) no fuera suficiente, lo vuelve a escribir. *Amén y amén.* A veces debes hablarle a tu alma y animarte en la Palabra de Dios. Cuando decidas alabar a Dios, incluso sintiéndote abandonada o desilusionada como esposa, Él te bendecirá. Cuando estés boca abajo en humillación y desesperación, Él te levantará.

Tócala a todo volumen, cántala en voz alta

Sharon Jaynes recuerda sus primeros años como mujer casada. Cuando su hijo era pequeño, el esposo de ella, Steve, la llamaba durante el día solo para saludarla. Ansiosa por desahogarse con alguien, Sharon soltaba todo lo que había estado mal en el día, ¡aunque solo fueran las nueve de la mañana! Después de un tiempo, Steve empezó a dudar en llamar. Le dijo que como ella se quejaba de todo lo malo que había sucedido, él ya no quería llamarla otra vez. Sharon expresa:

> Pude haberme enojado por eso. Pude habérmelo tragado. Pero él tenía razón. Puedo elegir entre gozarme o ser miserable. En ocasiones debemos tener una buena charla con nosotras mismas. David hablaba consigo mismo todo el tiempo en los salmos. A menudo empieza abatido, pero luego se recuerda a sí mismo quién es Dios y qué hace Dios. Pon música de alabanza, lee los salmos y expresa la verdad en voz alta. Tócala a todo volumen y cántala en voz alta. Esto devolverá el gozo a tu vida cuando te sientas deprimida.[9]

Antes de volcarte sobre tu esposo o de permanecer sintiendo autocompasión, tal vez quieras tener una charla buena y sincera contigo misma, como hacía el salmista. Él repitió para sí mismo:

> ¿Por qué te abates, oh alma mía, y te turbas dentro de mí? Espera en Dios; porque aún he de alabarle, salvación mía y Dios mío (Sal. 42:5).

¿Ves cómo David continúa alabando a Dios, aunque se siente abatido y angustiado? Si humildemente le pides ayuda a Dios y lo alabas por su

9. Entrevista con Sharon Jaynes.

bondad, Él te llenará de esperanza y te levantará. Eso es lo que experimenté ese día en que me hallaba irritada cortando el pollo en la cocina. Cuando te vuelves a Dios, Él cambia todo alrededor de ti.

Imagen de hoy

Imagina tu hogar en un libro de cuentos para niños y ve el cielo lleno de frases entre tu casa y el cielo. Esas frases se levantan hacia Dios y son palabras de alabanza. Imagina que tu hogar es un lugar de alabanza al Padre. Cada vez que Él mira hacia abajo y ve tu casa, se complace con ese dulce aroma de alabanza que se dirige al cielo.

Oración de hoy

Señor, te alabo porque los cielos te pertenecen tanto como la tierra. Tú fundaste el mundo y todo lo que este contiene. Mi hogar es tuyo. Te lo dedico. Te alabo por el esposo que me has dado. Me humillo delante de ti y te pido que seas glorificado en mi hogar. Te amo y te agradezco por vigilar mi casa tan de cerca con tu tierno cuidado.

Día 5

Apágalo

...todo lo que es verdadero, todo lo honesto, todo lo justo, todo lo puro, todo lo amable, todo lo que es de buen nombre; si hay virtud alguna, si algo digno de alabanza, en esto pensad.

Filipenses 4:8

Cuando James y yo nos casamos, él me hizo una petición extraña. ¿Podíamos pasar los tres primeros meses sin televisión? La petición parecía horrible. No solo que me encantaba ver televisión, sino que trabajaba produciendo historias para un programa de televisión nacional. Sin embargo, James me convenció de que la vida y el trabajo seguirían su curso, incluso sin episodios de comedias. Pronto descubrí algo muy importante a inicios de nuestro matrimonio. No extrañé la televisión. Es más, disfruté muchísimo el ambiente pacífico de nuestro hogar.

Han pasado quince años desde ese acuerdo, y *todavía* no vemos televisión en nuestra casa. Tenemos un televisor y un reproductor de DVD, pero nunca nos hemos suscrito a cable. Seguro que nos hemos perdido un montón de cultura y entretenimiento popular. No sabemos quiénes eran los solteros de cierto programa conocido, por qué las mujeres desesperadas estaban tan desesperadas en otro de esos programas ni qué sucedió en la oficina de alguien según alguna programación más. Básicamente, estamos perdidos. Sin embargo, sabemos lo que está sucediendo en las vidas de cada uno de nosotros, en alta definición. Además hemos omitido gran parte de la negatividad que entra a un hogar por medio de programas populares. No muchos productores en Hollywood tienen en sus corazones los mejores intereses para tu matrimonio.

La tecnología nos ha cobrado por adelantado, inventando nuevas formas convenientes de ver tus películas y programas favoritos en varios dispositivos. Puedes pasar horas en sitios de redes sociales, tales como Facebook y Pinterest, relacionándote con "amigas", mientras tu marido de carne y hueso está sentado a solas en la otra habitación viendo deportes.

Considera esta ecuación relacional:

Más tiempo de pantalla = menos satisfacción conyugal
Menos tiempo de pantalla = más satisfacción conyugal

Bueno, antes que te pongas demasiado a la defensiva, no estoy diciendo que debes tirar por la ventana tu teléfono inteligente, tu computadora o tu televisor. No obstante, pregunto: *¿Mejoraría tu vida si los desenchufas más a menudo?* Si gran parte de tu tiempo libre lo pasas frente al televisor, la computadora, la tableta o el dispositivo móvil, ¿cómo impacta eso en la calidad de tu matrimonio? Quizá la televisión sea una compañía constante charlando lejos, de fondo. Tu computadora es un oasis para no tener que interactuar frente a frente con alguien, incluso tu cónyuge. Ten en cuenta que los medios de comunicación social pueden ser muy antisociales para tu matrimonio. Tal vez no te des cuenta, pero el tiempo en pantalla podría estar robándote el tiempo y la ternura que anhelas con desesperación.

Tiempo que roba

A cada una de nosotras se nos dan veinticuatro horas diarias. Ni más ni menos. Sea que tengas un matrimonio extraordinario o mediocre, para invertir en ese matrimonio tienes la misma cantidad de tiempo que todas las demás esposas. Según un reporte Nielsen, el estadounidense promedio pasa más de treinta y cuatro horas semanales viendo televisión en vivo, además de otras tres a seis horas viendo programas grabados. ¡Eso es como cuarenta horas semanales de televisión![10]

Piensa que todo ese tiempo podría gastarse en maneras más significativas. ¿Qué pasaría si vieras solo quince horas de televisión a la semana? Podrías incluso tomar la mitad de esas horas y usarlas para dar con tu esposo una caminata alrededor de la manzana, ir a cenar o acurrucarse juntos en el sofá con libros fabulosos.

Zig Ziglar describió la televisión como el "supresor de ingresos".[11] James la llama "estúpida visión". En las cantidades correctas, la televisión puede ser una diversión bienvenida y una manera de reír o de conmoverte

10. David Hinckley, "Americans Spend 34 Hours a Week Watching TV, According to Nielsen Numbers", *New York Daily News*, 19 de septiembre, 2012, en línea, www.nydailynews.com/entertainment/tv-movies/americans-spend-34-hours-week-watching-tv-nielsen-numbers-article-1.1162285 (consultado el 29 de marzo, 2013).

11. Zig Ziglar, "Defining Success", *Success*, en línea, www.success.com/article/zig-ziglar-defining-success (consultado el 22 de mayo, 2013).

por algo profundo. Pero a la tasa promedio de treinta y cuatro horas por semana, llamémosla por lo que es: un desperdicio de tiempo.

Asesinos de relaciones

Para mi libro *31 Days to a Happy Husband* [31 días para ser un esposo feliz], entrevisté al actor Kevin Sorbo (*Hércules: Los viajes legendarios, Olas del corazón*). Él declaró esto sobre la imagen que la televisión tiene acerca del hombre de familia:

> Hollywood hace un gran trabajo en acabar con la masculinización de los hombres. Si vemos cualquier comedia en serie, el protagonista es un idiota. Es un imbécil. Todos sus hijos le viran los ojos. Han hecho eso durante décadas. Los chicos crecen viendo eso y piensan que los padres son idiotas. Antes veían *Papá lo sabe todo* o *Mis tres hijos*, en que el padre tenía cosas inteligentes que decir a sus hijos. Él era un hombre moral que guiaba mediante buen ejemplo. Por alguna razón, se volvió divertido hacer de papá alguien gordo y estúpido.[12]

Cuando vemos comedias en serie que ridiculizan muchos de los valores en que creemos, nuestras relaciones sufren. Poco a poco, creemos las historias que vemos en nuestros programas favoritos. *Los padres son ineptos. Las mujeres son inteligentes y merecen más. El sexo debería disfrutarse a menudo y con quienquiera que nos parezca atractivo.* ¿Son estas las historias con que deseas llenar tu mente?

Horas de tiempo de pantalla día tras día con la televisión o la computadora sin duda ocasionarán que tu relación con tu esposo se debilite. Es fácil escapar y visualizar una vida mejor. Ojalá tu casa se pareciera a la foto en Pinterest. Si tan solo tu esposo fuera tan guapo como el actor principal. La consejera y escritora Leslie Vernick afirma que es importante para una mujer estar consciente de las historias que ella misma se cuenta. He aquí cuatro historias comunes, según Leslie:

> *Historia 1: Yo debo ser mejor de lo que soy.* Esa es una tremenda patraña que las mujeres se cuentan. Debo ser una madre mejor. Debo ser una esposa mejor. Debo ser más delgada, más inteligente, mejor ama de casa. Sea lo que sea, debo ser mejor de lo

12. Entrevista personal con Kevin Sorbo, 24 de junio, 2011.

que soy, por lo que constantemente soy infeliz porque nunca puedo ser suficiente.

Historia 2: La vida debería ser mejor que esto. Las cosas deberían ser mejor de lo que son. Si estamos constantemente en esa mentalidad, nos vamos a frustrar. No estamos tratando con el ahora, porque ahora debería ser mejor de lo que es. No estamos buscando lo positivo ni aquello en lo que podemos crecer. Somos constantemente negativas, porque las cosas deberían ser mejor de lo que son.

Historia 3: La vida debería ser fácil y justa. Las personas no quieren tener que trabajar en las cosas. Hollywood no quiere enseñarnos que el matrimonio significa trabajo duro. Desean enseñarnos que todo es romance. Si tienes pasión y una gran vida sexual, eso es todo lo que se necesita. Solo que eso no es verdad. La vida no es fácil ni justa.

Historia 4: Merezco más de lo que tengo. Vivimos en una cultura muy fuertemente centrada en los derechos, por lo que con frecuencia creemos que merecemos más. Merezco un esposo mejor. Merezco una casa mejor, más dinero, más felicidad, ¡más de cualquier cosa! Por tanto, nunca podemos estar agradecidas por lo que tenemos, lo cual nunca es suficiente. Merecemos más.[13]

Cuando te cuentas alguna de estas historias, las cuales están continuamente reforzadas por televisión y películas, te vuelves más y más infeliz con tu vida. Una forma de comenzar a rescribir la historia de tu vida es desactivar la negatividad, la lujuria, la codicia y el egocentrismo que hoy encuentras desenfrenados en televisión y películas.

Toque de queda

Aunque James y yo no tenemos cable, fácilmente podemos pasar una o dos horas perdiendo tiempo en línea durante las noches. Nos dimos cuenta de que, después de acostar a los niños por la noche, nos retirábamos a nuestras computadoras. En forma individual en cuartos

13. Entrevista personal con Leslie Vernick, 1 de marzo, 2013.

separados contestábamos mensajes de correos electrónicos, navegábamos en Amazon, revisábamos Facebook y veíamos videos en YouTube.

Una noche James dijo: "Estoy en la computadora todo el día, ¿por qué desperdiciar tiempo a la noche en esta cosa?". Como ya puedes haber imaginado, propuso una solución. Intentaríamos un toque de queda de computación. A una hora razonable, como treinta minutos después de acostar a los niños, apagaríamos nuestras computadoras. Ninguno de nosotros es particularmente productivo por la noche. Mi habilidad de escribir ha expirado mucho antes de las nueve.

En ocasiones fallamos en el toque de queda de computación, pero lo seguimos la mayoría de noches. Apagar los equipos temprano a la noche es rejuvenecedor. Se siente bien canjear tiempo de pantalla por descanso. A veces nos acostamos juntos a leer libros. Otras noches nos damos masajes. Y por supuesto, tenemos más tiempo para intimidad, lo cual, sin duda alguna, cuenta como tiempo de calidad.

Por tanto, la próxima vez que estés sin propósito pasando canales o haciendo clic en sitios sociales, detente y hazte unas pocas preguntas:

- ¿Cuál podría ser un uso mejor para mi tiempo ahora mismo?
- ¿Ayuda o perjudica esta actividad mi relación con mi esposo?
- ¿Le importaría de veras a alguien si no veo este programa o no aparezco en línea?

Cuando apagas más a menudo tus dispositivos electrónicos, prendes otras cosas en tu matrimonio, como creatividad, calidad de tiempo, compasión y una relación más fuerte. Piensa en lo que es verdadero, noble, correcto y puro. Si piensas en tales aspectos y no en las noticias nocturnas o en un drama de crímenes, serás una esposa llena de esperanza y más feliz.

Imagen de hoy

Tu esposo y tú se encuentran en la sala. No están viendo televisión ni usando sus celulares. Ninguno de los dos está en línea con la computadora o con una tableta. Tu esposo tiene el brazo alrededor de ti, hablan uno con el otro y se besan de vez en cuando. Es así como puede disfrutar diez minutos de tiempo libre. ¡Inténtalo por ti misma más tarde hoy!

Oración de hoy

Señor, me callo en tu presencia. Estoy en quietud y te conozco. Dios, perdóname por estar más unida a mi teléfono celular y a las redes sociales de lo que estoy unida con tu santa Palabra. Quiero tener menos distracciones en mi vida. Muéstrame cuando esté perdiendo tiempo. Muéstrame cómo puedo pasar más tiempo de calidad con mi esposo. Hoy pensaré en lo que es noble, correcto, puro, verdadero y admirable en mi matrimonio.

Día 6

Asesinos por envidia

Es cierto que al necio lo mata la ira,
y al codicioso lo consume la envidia.
Job 5:2

Cuando Cindi McMenamin y su esposo asistieron a su primera conferencia matrimonial, Hugh se dio cuenta de algo respecto a su esposa. Ella respondía a palabras de afirmación y al toque físico. Listo para poner en práctica algo de lo que había aprendido, imprimió las palabras "Habla más, toca más" en una hoja de papel y la pegó en el tablero de instrumentos de su auto como un recordatorio. Cindi lo vio un día y preguntó: "¿Qué es esto?". Puedes imaginar el placer que ella sintió cuando su esposo se lo explicó y le dijo que esto le recordaba lo que Cindi necesitaba todas las noches cuando él llegaba a casa.[14]

Dio la casualidad de que Hugh era pastor, por lo cual puedes ser capaz de calificar la sensibilidad de él como ministro. Podrías pensar: *Mi esposo no hace algo así.* Sin previo aviso, tu mente puede estar tentada por la envidia, la cual Aristóteles definió como "dolor por la buena fortuna de otras personas".[15]

Ladrón de felicidad

Cuando tu amiga te habla de su crucero por el Mediterráneo con su esposo, ¿se hunde o nada tu corazón? ¿Puedes regocijarte auténticamente con alguien o ansías en silencio poder intercambiar experiencias? Ninguna de nosotras diría a una amiga felizmente casada: "Espero que tu matrimonio salga mal". Sin embargo, si los problemas llegan a su puerta,

14. Cindi y Hugh McMenamin, "Give Your Spouse a Closer Connection for Valentine's Day", *Crosswalk.com*, 6 de febrero, 2013, en línea, www.crosswalk.com/family/marriage/engagement-newlyweds/give-your-spouse-a-closer-connection-for-valentine-s-day.html (consultado el 2 de abril de 2013).

15. Justin D'Arms, "Envy", *The Stanford Encyclopedia of Philosophy* (edición primavera, 2009), ed. Edward N. Zalta.

quizá en secreto encuentres un poco de consuelo. *Bueno, tampoco la vida de ella es perfecta.* La envidia puede nublarnos la vista, haciéndonos anhelar algo que no tenemos y también desear que tampoco otros lo tengan. La envidia nos roba la felicidad. Proverbios 14:30 lo dice de este modo:

> El corazón apacible es vida de la carne; mas la envidia es carcoma de los huesos.

Tal vez seas cristiana, pero tu esposo no lo sea. O tu esposo no es el líder espiritual que te gustaría que fuera. Podrías luchar con el impulso de envidiar a las esposas que tienen un marido espiritualmente fuerte y un matrimonio centrado en Dios. Lynn Donovan, coautora de *Winning Him Without Words: 10 Keys to Thriving in Your Spiritually Mismatched Marriage* [Cómo ganarlo sin palabras: 10 claves para prosperar en tu matrimonio espiritualmente desigual], sabe cómo es eso.

Criada en un hogar cristiano, Lynn tenía relación con la iglesia, pero no con Dios. Su fe se marchitó siendo veinteañera. Conoció a un incrédulo que era muy diferente a ella y se casó con él. Durante los primeros años, fueron muy felices. Estaban viviendo para sus carreras y para vacaciones. Pero finalmente Lynn se preocupó. El mundo se mostraba superficial, y Dios estaba rondando su hogar.

> Corrí a casa, a la fe de mi infancia y arrastré detrás de mí a mi esposo incrédulo, que estuvo pataleando y gritando todo el camino. Es una declaración incompleta decir que él estaba molesto en cuanto a la "nueva naturaleza" en mi vida. Más o menos en la época en que nació nuestra hija, aumentó el conflicto en relación a la iglesia, a la fe, a cómo criar a nuestra hija y a todo tipo de cosas, porque mis valores ahora eran examinados por la Biblia. Me di cuenta de que cuando vives con tu mejor amigo y el amor de tu vida, pero en el fondo tienen valores distintos, eso es extraordinariamente retador. ¿Cómo negocias con ello?

Ir sola a la iglesia era difícil para Lynn. Rodeada de parejas y familias, se sentía como un bicho raro, y esto casi la destroza. Pero se volvió a Dios pidiéndole que le quitara el dolor y llevara a la fe a su esposo. Había estado casada por más de veintiún años, y el asiento de su esposo en la iglesia aún estaba vacío.

> Hubo días en que dije que no podía hacer esto un día más. Es un proceso lento, y creo que Dios hace eso a propósito porque quiere estar seguro de que aprendamos la lección, y esta duele. Para mí esto tuvo que ver con leer la Palabra de Dios y descubrir las mentiras que creí acerca de que mi esposo debía ser este hombre perfecto. Él siempre debía hacerme feliz. Cuando permití que la verdad se adentrara y dejé salir algunas de las mentiras, el gozo comenzó a entrar. Ya no estaba viviendo para que mi matrimonio me realizara. A menudo las mujeres llegan al matrimonio y piensan: *He aquí mi príncipe encantado. Él va a cumplir todos mis sueños.* Ahora yo le estaba pidiendo a Dios que hiciera eso. Hay gozo cuando dejas que Dios entre a tu vida, aunque las cosas sean difíciles en tu matrimonio.

El esposo de Lynn ha progresado mucho, apoyando incluso con entusiasmo el trabajo de ella como escritora cristiana que escribe acerca de estar en un matrimonio en yugo desigual. Él le brindó todo su apoyo para ayudar a que matrimonios con diferentes perspectivas de fe se lleven bien como ellos han aprendido a hacer. En lugar de envidiar otros matrimonios cristianos, Lynn ha decidido regocijarse en el de ella misma.

> Mientras más tiempo he recorrido este viaje de yugo desigual, más he visto que la Palabra de Dios demuestra ser verdadera. En los primeros años, traté de utilizar mis palabras. Eso no funcionó. Solo creó más conflicto. ¿Sabes qué funciona? El amor. A través de mi transformación de amar simplemente a mi esposo, él pudo ver que yo no estaba tratando de manipularlo y, con el tiempo, pudo relajarse. Creí que no era responsabilidad mía salvarlo, y él sintió libertad al no pensar que estaba decepcionándome. Tuvimos paz en nuestro matrimonio. La hostilidad desapareció. Y ahora mi esposo es libre para descubrir a Cristo por su cuenta. No puedo esperar a levantarme y ver lo que Dios va a hacer hoy. ¡Es maravilloso![16]

Espero que puedas oír el gozo en la voz de Lynn. Ella no está desperdiciando su vida anhelando un hombre temeroso de Dios. No sabotea los matrimonios cristianos a su alrededor amargándose por estar en un

16. Entrevista personal con Lynn Donovan, 25 de febrero, 2013.

matrimonio en yugo desigual. Está en continuo crecimiento en la Palabra de Dios y cuenta con la fidelidad del Señor. La envidia no puede crecer en ese ambiente de fe y gozo.

Lo opuesto a la envida

Siempre he pensado en el contentamiento como lo opuesto a la envidia. Cuando eres feliz con lo que tienes, no envidias a otras personas. Estás contenta con tu posición en la vida. Pero al dar un paso más, quizá lo opuesto a la envidia es decir a otras mujeres: "¡Qué feliz estoy de que hayas sido tan afortunada!". Es alegrarse con quienes se alegran.

Cuando de felicidad se trata, ¿tienes una mentalidad de abundancia o escasez? ¿Crees que hay tanta alegría por recorrer, y que si tu prójimo tiene la mayor parte de la felicidad en su matrimonio, esto de alguna manera disminuye tu oportunidad de ser feliz? Amiga, Dios se especializa en multiplicación. Cuando te regocijas con otros en cuanto a sus relaciones y éxitos, Dios multiplica gozo en tu vida.

El verdadero amor cristiano destierra la envidia de nuestros corazones. Cuando el apóstol Pablo definió el amor en 1 Corintios 13, incluyó esta descripción: "El amor no tiene envidia" (v. 4). No obstante, sin el amor de Cristo es demasiado fácil caer en la envidia. Así declara Pablo en otra parte:

> Pero nosotros también éramos en otro tiempo insensatos, rebeldes, extraviados, esclavos de concupiscencias y deleites diversos, viviendo en malicia y *envidia,* aborrecibles, y aborreciéndonos unos a otros. Pero cuando se manifestó la bondad de Dios nuestro Salvador, y su amor para con los hombres, nos salvó, no por obras de justicia que nosotros hubiéramos hecho, sino por su misericordia… (Tit. 3:3-5, cursivas añadidas).

Puedes tener gran esperanza debido a lo que Cristo ha hecho. Esperanza de vida eterna. Esperanza aquí y ahora. Deja de creer la mentira de que el gozo es solo para alguien más. También es para ti.

Imagen de hoy

¿Hay alguna esposa a la que envidias? Tal vez deseas tener un matrimonio cercano como el de ella, o que no tuvieras que trabajar. Bendice a esa mujer en tu mente y en tu corazón. Imagínate abrazándola y alegrándote con las cosas buenas que Dios le ha dado. Recuerda, no hay escasez de felicidad. Dios utiliza la multiplicación. Mientras más te regocijes con otras personas, más razones tendrás para regocijarte contigo misma.

Oración de hoy

Señor, rindo ante ti mis sentimientos de envidia. Siento mucho haberme comparado desfavorablemente con otras mujeres. No solo estoy contenta con lo que me has dado. Decido regocijarme con quienes se regocijan. Sé que el gozo es para mí. Acepto tu regalo de gozo y te agradezco por llenarme el corazón con esperanza para el futuro. Esperas mostrarme misericordia y resucitaste para mostrarme compasión. Creo que quieres bendecirme y bendecir mi matrimonio.

Enfoque 2

Ten Fe

Sé adaptablE

L

I

Z

Día 7

No voy a ceder

Y pusieron su corazón como diamante, para no oír...
ZACARÍAS 7:12

Antes de casarme, mi idea de acampar era estar sentada en un café casual con vista a un lago antes de regresar a un hotel rústico. La experiencia que James tenía de acampar era muy diferente. Él recuerda llevar su tienda y su comida en la mochila, y cada noche encontrar un lugar distinto bajo las estrellas. ¡Vaya!

Como puedes imaginar, nuestro primer viaje de campamento tuvo su cuota de lágrimas, conflictos y transigencias. Estábamos recién casados y vivíamos en Dallas. El grupo de parejas jóvenes en la iglesia se iba de viaje a acampar. Mientras conducíamos hacia el campamento, estaba huraña, callada e irritable. Era dolorosamente obvio que este viaje para acampar no era idea mía. Habíamos empacado la tienda (en la cual James había puesto nuestro registro de bodas), pero yo había dejado mi sonrisa en nuestro acogedor apartamento.

James detuvo el auto justo antes que entráramos al campamento y apagó el motor.

—¿Vas a actuar así todo el fin de semana? —me preguntó con mirada seria—. Porque si vas a hacerlo, simplemente podemos dar media vuelta y volver a casa.

—¿Quieres decir que no debí haber venido? —murmuré en medio de lágrimas.

Todavía me río cuando pienso en ese momento. Me tranquilicé y comprendí que estaba siendo egoísta. Prometí tener mejor actitud. Cuando todas las esposas en el divertido campamento me saludaron, les devolví el abrazo y sonreí tenuemente. Aunque el fin de semana no me volvió una campista, sobreviví y tengo algunos recuerdos graciosos con mi extrovertido esposo.

Yo estaba descubriendo que en un matrimonio feliz de dos vías tendría que estar dispuesta a ceder. Poder adaptarte a tu cónyuge (y viceversa) es una habilidad valiosa que vale la pena aprender.

Adaptaciones y modificaciones

Las palabras con adaptaciones y modificaciones pueden parecer como si vinieran de un manual para robots o de una computadora tipo "ármala tú mismo". Pero debemos admitir que, como seres humanos, todos podemos ser versátiles y realizar algunos ajustes ocasionales y cambios menores. Debemos aprender a adaptarnos a nuestras circunstancias siempre cambiantes y también a las necesidades de nuestros esposos.

Cuando eres soltera, puedes arreglártelas haciendo las cosas a tu manera. Pero cuando estás unida con alguien en matrimonio, la Biblia afirma que los dos se convertirán en una sola carne (Gn. 2:24). ¡Eso significa versatilidad para hacer algunos serios ajustes y modificaciones! En un matrimonio que funciona, ambos deben adaptarse constantemente a las necesidades del cónyuge.

Un día estaba en casa haciendo ejercicio, siguiendo un DVD sobre estado físico. El instructor dijo que debes obligar a tu cuerpo a adaptarse. Tienes que obligarlo a hacer cambios. Cuando estás agitando brazos y piernas, y tu cuerpo te dice que te detengas, tu mente debe decirle a tu cuerpo lo que quieres que haga. Esa es una gran representación del matrimonio. A veces quieres tirar la toalla o decir algo que no deberías, pero debes obligarte a adaptarte. Debes ser versátil y ajustarte. La vida ya no tiene que ver solo contigo. "Tú" se ha convertido en "nosotros". Y para ser un "yo" feliz en medio del "nosotros", debes desarrollar versatilidad respecto a lo que sea mejor para tu matrimonio, no solo para ti.

¿Recuerdas el matrimonio de Lynn Donovan en yugo espiritualmente desigual? Ella quería que su hija asistiera a una escuela cristiana. Pero su esposo creía firmemente que la niña debía ir a una escuela pública. Lynn oró al respecto y se adaptó a los deseos de su esposo. Hoy día la hija tiene dieciocho años y ama a Jesús con todo el corazón. Lynn confió en el Señor, fue versátil para adaptarse a su cónyuge y está cosechando beneficios con una familia muy unida.

También es útil ser versátiles en cuanto a lo que esperamos de nuestros esposos. Leslie Vernick tiene un matrimonio feliz, pero este no siempre ha sido un tipo de relación de almas gemelas felices.

> Conozco las fortalezas de mi esposo, así como sus debilidades. Estas solían molestarme a principios de nuestro matrimonio.

> Me quejaba, criticaba y todo lo demás. Él no cambió en esos aspectos, y esto solo hizo que nuestro matrimonio empeorara. Por tanto, he aceptado que mi esposo no es una persona habilidosa. No va a ayudarme en el patio, pues odia la jardinería. Además, se dedicará a ver más televisión de la que yo elegiría ver.
>
> Sin embargo, estos no son motivos de ruptura. Es parte de aprender la actitud de paciencia. En cualquier relación buena, es recomendable tener paciencia con las debilidades o diferencias del otro. Hemos aceptado quiénes somos y no estamos tratando de cambiar al otro. Eso es algo extraordinariamente liberador. Mi esposo no está tratando de convertirme en su esposa ideal, y yo no estoy tratando de convertirlo en mi marido ideal.[1]

Pon en marcha tu voluntad

Cuando le pregunté a Liz Curtis Higgs si durante su matrimonio alguna vez ha exclamado: "¡No voy a ceder!", ambas lanzamos una buena carcajada. Liz contestó:

> Me temo que ha habido muchísimas veces en que me he puesto firme y he dicho que algo no debería hacerse de ese modo. Pero he descubierto que cuando hago eso, Bill me ama tanto como para decir: "Está bien, lo haremos a tu manera". Y entonces, después de un tiempo, comprendo que esta no era una buena idea con la cual comenzar. Estoy aprendiendo que hay montañas por las que valdría la pena morir, pero no la mayoría de ellas. Creo que eso es lo que hacen veintisiete años de matrimonio. Descubres lo que realmente importa. Cuando declaras: "No cambiaré de opinión en esto", tiene que haber una razón bíblica. No puede ser solo porque es mi deseo.

Liz viaja mucho para hablar a miles de mujeres cada año. Ya que viaja tanto, no necesita auto. Ella dice que Bill es excesivamente ahorrativo, así que tener un auto para los dos funcionaba muy bien. Pero un día, Liz salió de casa para ir a alguna parte cuando se dio cuenta de que Bill se había llevado el auto. Estaba atascada.

Cuando el esposo llegó a casa, Liz le hizo saber: "Tal vez debamos

1. Entrevista con Leslie Vernick.

pensar en conseguir un segundo auto". Él dijo que estaba bien, pero que el vehículo debía ser barato porque no se utilizaría mucho. Liz comprendió que debía abandonar su sueño de tener un auto elegante para pasear por la ciudad. Le pidió al Señor que les ayudara a encontrar un auto que hiciera felices tanto a ella *como* a Bill. Y ahora Liz es la orgullosa propietaria de un auto de diez años con muchísimos kilómetros recorridos, pero al menos es un Mini Cooper rojo. Ella expresa:

> Pude haber sido muy firme y encontrar diez razones de porqué necesitaba un auto nuevo, pero eso habría sido ridículo. No necesitamos pagar un auto. No necesitamos un auto nuevo en la entrada. Este es perfecto. A veces es cuestión de transigir o llegar a un término medio, si te gustan más estas palabras. ¿Cómo puedo conseguir lo que quiero y todavía hacer feliz a este hombre maravilloso?[2]

A veces has impuesto tu voluntad. Es natural que quieras ese auto nuevo (o cualquier cosa que estés deseando ahora mismo). Pero la mujer sabia puede ser versátil con el fin de obtener lo mejor para su familia.

En Zacarías 7:8-10, leemos que Dios quería que el pueblo mostrara misericordia y piedad entre sí. No quería que oprimieran a la viuda o al huérfano, ni que tramaran maldad unos contra otros. Pero las personas no quisieron escuchar. No se adaptaron. En cambio, pusieron sus corazones tan duros como el pedernal.

El pedernal era una roca gris dura que en tiempos antiguos se utilizaba para hacer herramientas o armas. En condición de esposas, nuestros corazones con el tiempo pueden endurecerse como el pedernal. Podemos decir cosas como *No voy a ceder*; *No cooperaré*; *No me adaptaré.* Esa falta de voluntad para ser versátil puede convertirse en un arma de guerra en el matrimonio. No permitas que esa dureza alguna vez se forme alrededor de tu corazón. Muéstrate dispuesta a cambiar y abre tu vida a posibilidades infinitas.

Imagen de hoy

Cuando se trata de estar dispuesta a marchar junto a tu esposo, ¿eres dura como el pedernal o suave como la arcilla? ¿Qué objeto te describe mejor?

---

2. Entrevista personal con Liz Curtis Higgs, 12 de marzo, 2013.

Oración de hoy

Señor, hazme un instrumento de amor en mi matrimonio. Ayuda a que mi corazón sea suave como la arcilla, dispuesto a adaptarse a tu voluntad en mi vida. Moldéame en algo hermoso para ti. Ayúdame a ser versátil. No quiero estar atascada en mi manera de hacer las cosas. Quiero crecer. En el nombre de Jesús, amén.

Día 8

Satisfacción (no) garantizada

He aprendido el secreto de vivir en cualquier situación.
FILIPENSES 4:12 (NTV)

Me gusta comprar en una tienda enorme llamada Costco. No solo me dan a probar muestras gratis, sino que cuando no me gusta algo, puedo devolverlo sin que me hagan preguntas. ¡Mi satisfacción está garantizada! ¿Has notado que el matrimonio no es así? Tu satisfacción *no* está garantizada. No puedes pararte en la fila para devolver a tu esposo o cambiar una cualidad molesta por otra mejor. Algunos días te sientes la mujer más afortunada en tu matrimonio. Otros días te preguntas: *¿Creí realmente que ese objeto que eructa era divertido cuando estábamos saliendo?*

La otra mañana preparábamos a los niños para llevarlos a la escuela. Ethan está en tercer grado, y Noelle está en primero, y vivimos tan cerca de nuestra escuela que podemos ir en bicicleta. James se acercó al fregadero y comenzó a lavar los platos.

—Ah, yo puedo lavar los platos —dije—. Tú saca las bicicletas.

—No me gustaría que tuvieras una reacción alérgica a lavar platos —comentó él.

Sabes cuando tu esposo dice algo que te fastidia en todos los modos equivocados posibles. ¡Cómo se atreve a decirme eso!

—Yo lavo platos todos los días —me defendí.

—Oh, ¿de veras? —replicó mientras caminaba hacia el garaje.

Los niños creyeron que esto era muy chistoso.

—Adiós, ¡reacción alérgica! —me gritó Ethan al irse en su bicicleta rumbo a la escuela.

Cuando James se fue con los niños, me quedé echando chispas. De acuerdo, no soy un ama de casa estelar. Ni siquiera de cerca. Lo único que realmente hago con frecuencia es lavar platos. Por eso me disgustó tanto lo que él dijo. Sentí como si se estuviera burlando de mi habilidad para mantener limpia la casa y que atacaba mi único éxito: un fregadero vacío.

Tuve una buena conversación conmigo misma. Y luego, cuando James entró por la puerta, le dije tranquilamente: "En realidad me dolió mucho el comentario que hiciste. Tengo una reacción alérgica a muchas cosas en la casa, pero lavar los platos no es una de ellas. Eso es como si te dijera que tienes una reacción alérgica a reunirte con tus clientes inmobiliarios".

Él entendió y se disculpó. Como la mayoría de los esposos, no pretendió revolver mucha emoción por su comentario poco sincero. Cuando convives con alguien día tras día, puedes decir algo irreverente que en realidad no quisiste decir. La clave es disculparte y comenzar una y otra vez sin asuntos pendientes. La satisfacción en el matrimonio no está garantizada, pero puede lograrse con algo de esfuerzo y gracia.

Esto no fue lo que acordamos

Cuando sus hijos eran muy pequeños, el esposo de Pam Farrel trabajaba como pastor de jóvenes en una iglesia grande. La vida era buena. Luego Bill se sintió llamado a ser pastor principal, así que, siendo aún veinteañero, se convirtió en el pastor principal de una iglesia de cincuenta miembros. Para él era una oportunidad emocionante, pero sus niños pequeños sufrieron cambios significativos. Bill y la familia debieron dejar la casa de tres habitaciones que él había remodelado y embellecido, y se mudaron a un apartamento pequeño en una zona metropolitana con reglas estrictas. No se permitían niños en el patio trasero, en el patio delantero ni en las zonas con césped. Era como si a los niños no se les permitiera existir. Bill se llevaba el auto, así que Pam permanecía en casa con dos chicos ruidosos de dos y cuatro años de edad, sin ruedas para escapar. Ella declara:

> Normalmente soy optimista, pero la depresión acabó por cegarme. Un día fui al guardarropa y no pude recordar qué fui a hacer allí. Me senté sobre un montón de ropa sucia, y entonces mis dos pequeños chicos entraron. Brock preguntó: "Mamá, ¿qué pasa?". Le dije a mi hijo de cuatro años que no lo sabía. Simplemente rodeé con los brazos a esos dos pequeñuelos y me quedé allí sentada llorando hasta que se quedaron dormidos.
>
> Declaré: *Dios, esto es ridículo.* He tenido dos hijos sanos. Tengo un esposo que me ama. Y es asombroso que todavía me ame porque cuando llega a casa, oye cosas como: "¿Por qué me trajiste aquí? ¿Por qué tenemos que vivir de este modo?". *Dios, tienes que darme una respuesta a mi dolor.*

Pam fue a la mesa de la cocina con su Biblia. Oró: *Dios, dame una nueva visión de quién eres.* Ese día ella decidió mantener un diario y escribir todo lugar en los salmos donde veía el amor que Dios le tenía. Aquello le inspiró a buscar versículos en otras partes de la Biblia acerca de cómo podía mostrar amor a Bill. Leyó en Efesios 5:33: "la mujer respete a su marido". Pam se preguntó:

> ¿Existe una escapatoria a algo como esto? Saqué todas mis herramientas de estudio bíblico, porque estaba buscando la escapatoria. En lugar de encontrar maneras de no tener que ver con "la mujer respete a su marido", Dios me dijo: "Pam, quiero que veas a Bill como yo lo veo: como un hombre digno de honra. Quiero que le hables como yo le hablaría: con palabras de ánimo para levantarlo. Quiero que sirvas a Bill: ayúdalo a triunfar en este nuevo llamado".

Después de este claro encuentro con Dios, Pam llamó a Bill y le pidió que se reunieran para almorzar. Le explicó a su esposo lo que Dios había estado diciéndole y le aseguró que a partir de este momento se hallaba cien por ciento comprometida a estar en el equipo de él.

> Le dije a Bill: "Cariño, no importa que yo no tenga lo que quiero, que no tenga la casa, que no tenga el auto". ¡Bill saltó de alegría! Después de esa conversación, él se aceleró. Encontró una manera de mudarnos del apartamento en que estábamos a un condominio con patio. Luego, mientras pastoreaba, compró una propiedad y negoció una casa de dos pisos y tres habitaciones. Creo que todo eso fue más fácil desde que él dejó de oír mis quejas día tras día. Fue como combustible de avión para su corazón. Lo cambió. Más que nada, cambió nuestra relación porque nos resultó más fácil llevarnos bien. Ambos fuimos altamente productivos.[3]

¿Necesitas un poco de combustible para tu corazón? Sugiero que sigas el ejemplo de Pam. Cuando te sientas insatisfecha en tu matrimonio, no te quejes, no regañes, no patees ni grites. Busca a Dios y trata de ver a tu esposo a través de los ojos de Cristo.

---

3. Entrevista personal con Pam Farrel, 5 de marzo, 2013.

El adaptable Pablo

El apóstol Pablo tenía muchas razones para estar insatisfecho en la vida. Se convirtió en misionero para que los pueblos pudieran oír las buenas nuevas de Cristo. Experimentó cárcel, golpes, hambre, enfermedad y grandes necesidades. Los creyentes en Filipo habían dejado de apoyar financieramente a Pablo. Cuando retomaron su compromiso de dar, el apóstol no los cuestionó. Al contrario, se mostró misericordioso:

> En gran manera me gocé en el Señor de que ya al fin habéis revivido vuestro cuidado de mí; de lo cual también estabais solícitos, pero os faltaba la oportunidad (Fil. 4:10).

Pablo concede a sus hermanos filipenses el beneficio de la duda. Imagina que tu esposo olvida tu cumpleaños y que le dices sinceramente: "Oh, estoy segura de que quisiste conseguir algo para mí, pero te faltó la oportunidad".

El apóstol continúa:

> No lo digo porque tenga escasez, pues he aprendido a contentarme, cualquiera que sea mi situación. Sé vivir humildemente, y sé tener abundancia; en todo y por todo estoy enseñado, así para estar saciado como para tener hambre, así para tener abundancia como para padecer necesidad. Todo lo puedo en Cristo que me fortalece (Fil. 4:11-13).

En su comentario sobre este pasaje, Matthew Henry escribe: "Es una gracia especial que nos hace adaptarnos a toda condición de vida y a mantener un temperamento mental sereno en medio de todas las variedades de nuestra situación".[4] En las fuerzas de Dios, puedes aprender a adaptarte a las desilusiones e insatisfacciones experimentadas en el matrimonio. Podrás vivir una satisfacción auténtica y perdurable en tu matrimonio si fijas tus ojos en Cristo como tu ejemplo, incluso cuando tu esposo afirme que tienes una reacción alérgica a lavar platos.

---

4. Matthew Henry, *Matthew Henry's Commentary on the Whole Bible: Complete and Unabridged in One Volume* (Peabody, MA: Hendrickson Publishers, 1994), Fil. 4:10-19.

Imagen de hoy

Piensa en las áreas de tu matrimonio en que estás satisfecha por completo. Tal vez tu esposo sea un gran cocinero, un buen proveedor o alguien que sabe escuchar. Haz una lista de cinco virtudes que aprecias acerca de tu hombre.

1.

2.

3.

4.

5.

Oración de hoy

Señor, mi esposo no es perfecto, y yo tampoco lo soy. A veces nos desilusionamos mutuamente. Ayúdanos a superar esos momentos y a unirnos como pareja. Gracias por las muchas fortalezas de mi esposo. Muéstrame cómo se ve mi marido a través de los ojos de Cristo. Decido estar contenta en cualquier situación y en todas ellas. Todo lo puedo en Cristo que me fortalece.

Día 9

Harapos, riquezas y todo lo que hay en medio

En gran manera me gozaré en Jehová, mi alma se alegrará en mi Dios; porque me vistió con vestiduras de salvación, me rodeó de manto de justicia.

Isaías 61:10 (NTV)

Un año, para su fiesta de cumpleaños, James escribió en la invitación: "No traigan regalos, ¡solo dinero en efectivo!". Deberías haber visto los billetes de baja denominación y las monedas que llegaron en respuesta. Pero el premio a la creatividad fue para nuestros amigos que trajeron un pequeño arbusto en maceta con billetes colgando de las hojas. Tuvimos nuestro propio árbol de dinero. ¡Qué tal si así fuera!

El dinero puede ser una fuente de alegría o de ansiedad para una pareja, ya que puede edificar o destruir el matrimonio. Hay temporadas económicas de abundancia y temporadas de necesidad. Tienes que ser capaz de sobrellevar ambas temporadas a fin de ser una esposa feliz. Algunos años vuelas a un complejo turístico y disfrutas toda una semana de vacaciones. Otros años puedes armar una carpa en el patio trasero y comer galletas de chocolate con malvaviscos a la luz de la luna. La clave es poder saborearlo todo.

La esposa trabajadora

Si la esposa descrita en Proverbios 31 estuviera viva hoy, aparecería en la portada de una revista de negocios. Ella trabaja largas horas, selecciona sus propias materias primas, compra propiedades, invierte sus activos y da para caridad. Levantándose temprano prepara comida para su familia y sus criadas. Trabaja vigorosamente a lo largo del día, vende ropa de lino y no come el pan de balde. Es obvio que tenemos mucho que aprender de este modelo de esposa virtuoso y trabajador. Por ahora enfoquémonos en un versículo que puede ayudarnos a experimentar felicidad, sea que estemos en harapos o en riquezas:

> Considera la heredad, y la compra, y planta viña del fruto de sus manos (Pr. 31:16).

Observa que esta mujer considera. No se apresura al próximo plan para enriquecerse pronto. Cuando estaba en la universidad antes de casarme con James, me senté en una presentación de ventas de máquinas de chicles. Al final me imaginé poniendo máquinas de chicles en varios sitios, ganando centenares de dólares al mes vendiendo dulces mientras dormía. Parecía muy fácil. Comprar las máquinas de chicles, llenarlas de dulces, recoger el dinero, volver a llenar de dulces y repetir. Ese día gasté una pequeña fortuna en mi imperio de máquinas de chicles.

No me tomó mucho tiempo descubrir que colocar mis máquinas de chicles para hacer dinero era casi imposible. Las franquicias tenían reglas estrictas, y los puntos rentables ya estaban tomados. Meses más tarde, después de contactar docenas de comercios, había podido colocar solo una máquina de chicles en mi peluquería. Una vez al mes, recogía mi utilidad de dulces, la cual, por lo general, ascendía a algunos dólares. Terminé donando todas las máquinas de chicles a grupos locales de jóvenes. Mi primera empresa había fracasado tristemente. (James ya no me permite asistir sola a presentaciones de ventas).

Yo no había hecho mi tarea como la esposa de Proverbios 31. Vi las máquinas de chicles como una fórmula mágica y no como un negocio. Ella *consideró* su campo antes de comprarlo. No compró nada hasta haber descubierto que valía su dinero y que podía pagarlo. Si como esposas simplemente preguntáramos: *¿Vale esto mi dinero?* y *¿Puedo pagarlo?*, es probable que nos ahorraríamos buena cantidad de dinero.

Usando sus ganancias, la mujer de Proverbios 31 plantó un viñedo. No se metió en deudas para plantarlo. No gastó su dinero extra, sino que lo reinvirtió. La esposa feliz adapta sus gastos a medida que los sueldos aumentan y disminuyen. Ella lucha contra las deudas y vive dentro de sus medios con el fin de ahorrar e invertir para el futuro.

Idiomas financieros extranjeros

Tal vez has tratado de tener con tu esposo conversaciones acerca de gastos y ahorro, pero tus charlas de dinero se han convertido en peleas de dinero. Sientes como si estuvieran hablando idiomas distintos. Bueno, según la asesora financiera Bethany Palmer, es probable que lo estén haciendo. En su libro *The 5 Money Personalities* [Las cinco personalidades financieras], Bethany y su esposo Scott describen cinco personalidades financieras: ahorrador, gastador, tomador de riesgos, buscador de seguridad e inversor. Al comprender cómo es tu personalidad y la tu esposo, respecto del dinero, puedes ahorrarte lágrimas y luchas.

Bethany comparte el ejemplo de cuando Scott fue a comprar un reproductor Blu-ray de $ 150. Scott se enteró en la tienda de que un cable de $ 800 iba junto con ese estupendo reproductor. Al ser ahorrador y buscador de seguridad, estaba sudando la gota gorda en cuanto a esa gran compra inesperada. Pero llegó a casa con ese cable seguido por el técnico que iba a instalarlo.

Cuando Bethany escuchó la historia, no se perturbó. Ella era gastadora y tomadora de riesgos, y pensó: *Hagámoslo.* Pero cuando vio cuán incómodo estaba Scott con el gasto no planificado, con gran sabiduría manifestó:

> Simplemente digámosle al técnico que este no es un buen momento. Vamos a averiguar si existe una mejor manera. Yo estaba hablando el lenguaje económico de Scott (ahorrador, buscador de seguridad), no el mío. Si hubiéramos hablado mi lenguaje, el técnico se habría quedado porque yo estaba satisfecha. Pero si quieres una relación feliz, también tienes que aprender a hablar el lenguaje económico de la otra persona.
>
> El dinero repercute en todas las decisiones que tomamos, desde las grandes, como ese cable, hasta cosas aburridas, como tazas de café. No puedes pasar un solo día sin tomar decisiones económicas. Las parejas no se divorcian por fondos de pensiones, sino por pequeñeces y discusiones, por no entender cómo manejar el dinero en decisiones cotidianas.

Bethany ha visto a muchas mujeres poco dispuestas a cambiar o aceptar faltas cuando se obstinan en cuanto a decisiones de dinero. Ella recuerda una conversación que oyó entre dos mujeres en una peluquería.

> Una esposa se quejaba: "Lo envié a la tienda, yo solo quería bombillos. Él regresó con cordones para zapatos, leche, pelotas de tenis y una barra de chocolate. ¡Tan solo le pedí que comprara los ridículos bombillos!". Quise decirle: "Tu esposo es un

> gastador. Si no te gusta eso, no lo envíes a la tienda a comprar bombillos. Tal vez debas decir suavemente: 'Oh, cariño, eres un gastador. La próxima vez, yo iré a la tienda y compraré los bombillos'". ¿No es mejor aprender a entenderse mutuamente?[5]

¿Pelean a menudo tu esposo y tú en cuanto a dinero? Tal vez sea provechoso para ustedes hablar acerca de sus personalidades financieras en una manera no amenazante. No existe respuesta correcta ni adecuada combinación de personalidades financieras. La victoria viene al entenderse mutuamente y trabajar como equipo para lograr sus objetivos económicos.

Abundantes recompensas

La Biblia tiene mucho que decir acerca del dinero. De las treinta y ocho parábolas de Jesús, al menos una docena están dedicadas al dinero y al uso de bienes materiales. Más o menos uno de cada ocho versículos en los Evangelios trata con el tema.[6] En Proverbios 31, leemos que esta esposa no lleva a la quiebra a su familia con gastos excesivos. Por el contrario, la hace más próspera. "Considera los caminos de su casa, y no come el pan de balde" (Pr. 31:27). Como resultado de sus habilidades y su iniciativa, su esposo y sus hijos la alaban. Ella es honrada y alabada en la puerta de la ciudad.

El libro de Proverbios empieza con: "El principio de la sabiduría es el temor de Jehová" (Pr. 1:7) y termina con: "La mujer que teme a Jehová, ésa será alabada" (Pr. 31:30). He aquí el secreto del éxito general de la esposa de Proverbios 31. No se trata de experiencia en la facultad de negocios, una gran herencia o un esposo millonario. El secreto es el temor del Señor. La esposa feliz no pone su confianza en su esposo o en sus finanzas. Pone su confianza en Dios, mientras aprende cómo ser económicamente productiva. ¡Y es aún más valiosa que un árbol de dinero!

Imagen de hoy

Imagínate sosteniendo un billete de $ 100. Oyes la voz de alguien que te describe como financieramente responsable, buena trabajadora y sabia

---

5. Entrevista personal con Bethany Palmer, 20 de febrero, 2013.
6. Bill Hybels, Stuart Briscoe, Haddon Robinson, *Mastering Contemporary Preaching* (Portland, OR: Multnomah Press, 1989), pp. 108-109. Publicado en español por Editorial Clie con el título *La predicación del siglo XXI*.

inversora. Eres buena con el dinero. Te pueden confiar riquezas. La próxima vez que tengas dinero o una tarjeta de crédito, recuerda estos pensamientos. No desperdiciarás tus ganancias ni harás que el dinero sea más poderoso de lo que debería ser en tu vida.

Oración de hoy

Señor, tu Palabra dice mucho acerca del dinero. No quiero amar el dinero ni hacer que se convierta en un dios en mi vida. Ayúdanos a mi esposo y a mí a trabajar juntos para usar nuestro dinero con sabiduría. Danos hoy nuestro pan diario. Pongo mi confianza en ti y te pido que nos bendigas financieramente con todo lo que necesitamos.

Día 10

Nada de Miss América aquí

...la joven [Ester] era de hermosa figura y de buen parecer.
Ester 2:7

Cuando mi hija Noelle tenía tres años, estuvimos de vacaciones en Virginia Beach. Mientras estábamos en una tienda de ropa, Noelle se vio de pies a cabeza en el espejo, sonrió con aprobación y exclamó: "¡Chica de playa!". Yo ni siquiera sabía que supiera esa frase. Justo en ese momento, la vendedora me trajo una camiseta que decía: "¡Chica de playa!" en la parte delantera. A pesar de que me alegré de que Noelle estuviera feliz con su apariencia, no compré la camiseta.

A medida que envejecemos, por lo general perdemos ese entusiasmo por nuestra imagen corporal que Noelle mostró ese día. No nos atreveríamos a usar una camiseta con el letrero: "¡Chica de playa!". ¿Quién puede estar a esa altura? La definición de belleza de la cultura popular nos lleva a creer: *NO estoy maravillosamente hecha.* Sin embargo, según el Salmo 139:14 (NVI): *SOY una creación admirable.* Si lo permitimos, nuestros defectos físicos pueden sabotear nuestra capacidad para ser felices en nuestra propia piel.

En la Biblia, leemos acerca de la hermosa Ester, quien se había convertido en la nueva reina porque el rey fue atraído a ella por sobre todas las demás. Ester debió completar doce meses de tratamientos de belleza antes de conocer al rey. No es de extrañar que la joven se convirtiera en la "Miss América" del reino. Tenemos suerte si logramos tener quince minutos para maquillarnos.

¿Chef famoso?

No solo podemos quedarnos cortas en el departamento de belleza, es posible que tampoco tengamos las habilidades hogareñas de la esposa perfecta. Recuerdo una vez cuando James pasó por la tienda de comestibles de camino a casa. En la lista de compras, yo había escrito *pollo rostizado.*

Imaginé que podríamos preparar algo junto con el pollo para la cena. Cuando James llegó a casa, estaba en su modalidad de sargento de cocina, hirviendo agua para pasta y diciéndoles a los niños que comenzaran a cortar verduras y a lavar fruta.

—¿Qué planeabas hacer para la cena? —me preguntó bruscamente mientras seguía preparando la comida.

—Pollo rostizado —dije entre dientes.

—¿Y qué más?

—No sé.

Pude darme cuenta de que él estaba irritado porque yo no tenía un plan para la cena.

Al día siguiente, James me dio una charla motivacional acerca de cómo yo debía pensar con relación a estas cosas y a planear un menú.

—¿Qué haría un chef famoso? —me preguntó al final de la arenga.

—Un chef famoso ordenaría a alguien que hiciera la comida —dije en tono de broma.

—No —exclamó él—. Tienes que pensar como un chef famoso, quien planifica lo que se va a comer y se prepara para eso.

Ahora yo estaba furiosa. *¿Se supone que yo debía ser como un chef famoso? ¡No lo creo!*

Dijo que me imaginara que yo estuviera todo el día afuera hablando y que él hubiera estado en casa con los niños. Si yo llegara a casa y lo único para cenar fuera pollo rostizado, ¿no estaría desilusionada?

Ahora estaba comenzando a sentirme un poquito condenada, porque sé que pude haber hecho un mejor trabajo con la preparación de la comida. Le aseguré que me esforzaría más en la planificación de la comida, y también le manifesté que me habría ayudado que él hubiera hablado del tema en un modo diferente. Tal vez algo como: "Oye cariño, he notado que ha sido difícil aunar esfuerzos a la hora de la comida. Sería fabuloso que pudiéramos comer más verduras y quizá añadir otro plato, como pasta. ¿Podríamos hacer eso en el futuro? ¿Cómo puedo ayudarte con eso?".

James contestó que aquello era justo. Es muy fácil pensar en todos los defectos de tu esposo (él es muy exigente) cuando te confrontas con los tuyos propios (soy pésima cocinera). Esto declaró James esa noche después que me dijo que quería mejores comidas: "No hay un buen momento para que un hombre le diga algo a una mujer".

Liz Curtis Higgs recuerda su primer domingo con Bill como pareja casada. Acababan de llegar de la iglesia a casa.

—¿Qué hay para cenar? —preguntó Bill después de tirarse sobre el sofá y agarrar el periódico.

—¡Vaya, cenaremos cualquier cosa que prepares! —exclamó ella con una sonrisa.

La limpieza de la casa

Liz se describe como una mala ama de casa (¡sin duda puedo identificarme con eso!) y ofrece algunos consejos útiles acerca de la limpieza.

> Logré que mi familia ayudara con las cosas de la casa. Desde el primer día, les dejé bastante claro a los niños: esto no es un hotel donde te sirven y la ropa limpia simplemente aparece. Este es un hogar. Siempre tuvimos en el refrigerador listas de quehaceres, y todos participábamos en ellos.
>
> Cada dos jueves, yo recibía con beneplácito en nuestras puertas a dos mujeres maravillosas que limpiaban los rincones y recovecos. Sé que algunas personas dirían que eso es genial si puedes costearlo. Yo lo hice antes de poder pagarlo. Decidí que esto importaba más para mí que una manicurista o un almuerzo afuera. Me importaba más que muchas cosas. Si contratar ayuda externa no es factible, haz equipo con una amiga y ayúdense mutuamente. Cada dos jueves, la casa de ella y luego la tuya. Así hacen el trabajo y se divierten en gran manera.
>
> Deja de lado el perfeccionismo. La triste verdad es que después que recorro la casa limpia, huelo el aire limpio y disfruto las superficies limpias, sé muy bien que en cuarenta y ocho horas, aparecerá mi casa otra vez. Eso está bien, porque allí vivimos personas. No es un lugar de interés turístico, sino una casa.[7]

Tu esposo y tú podrían tener normas diferentes en cuanto a mantener la casa. El marido de Carol Kent es pulcro y ordenado. ¡Se llama Gene, e higiene es su apodo! He aquí cómo Carol encontró significado en limpiar:

> Gene creció en una casa en que todo el tiempo estaban remodelando. Su papá siempre tenía proyectos sin concluir. Había

7. Entrevista con Liz Curtis Higgs.

> polvo por todas partes, mantas de franela en lugar de puertas. Él se avergonzaba de llevar amigos allí. Vivía en un estado de caos. La casa estaba desordenada, y había montones de cosas regadas por doquier.
>
> Me di cuenta de que uno de los aspectos que produce alegría en mi esposo es cuando nuestra casa está cuidada, todo nítido, el lavaplatos vacío y las camas tendidas. Eso le da una sensación de gozo y cierto tipo de seguridad. Me hace feliz que él sea feliz manteniendo bien ordenada la casa. También reconozco que él es muy rápido en ser un socio. Este es un esfuerzo de equipo.[8]

Acuerdo global

Una forma de hacer que tu hogar funcione más fácilmente es identificar en qué papeles son buenos tanto tu esposo como tú. Marjorie Blanchard anima a las esposas a considerar cómo se integran al hogar y qué disfrutan haciendo en casa.

> Conozco muchas personas que caen en algunos papeles muy tradicionales, como que el hombre esté a cargo de la economía y la mujer a cargo de la vida social. En algunos casos, lo mejor podría ser lo opuesto. Mi esposo es mucho mejor socializando. Le encanta planear viajes. Yo soy mejor organizando cosas. Soy mejor con el dinero. Es cuestión de averiguar en qué eres buena y aportar eso al matrimonio.
>
> El liderazgo es un trabajo de adentro hacia afuera. Cuanto más te entiendas a ti misma y más entiendas el tipo de persona que eres, más podrás hablar al respecto con tu esposo.[9]

Tal vez sea hora de que ambos se deshagan de ciertas expectativas poco realistas de lo que es la esposa "perfecta". Liz Curtis Higgs dice que se trata de apreciar lo que tienes y no quejarte por lo que no tienes.

> Nuestros esposos son imperfectos, igual que nosotras. Tenemos que darles la gracia que nos extendemos a nosotras mismas. Cuando Bill y yo nos enloquecemos un poco uno al otro, nuestra frase normal es: "Acuerdo global". Si tienes todas estas

8. Entrevista personal con Carol Kent, 26 de febrero, 2013.
9. Entrevista personal con Marjorie Blanchard, 8 de mayo, 2013.

> cualidades que amas en tu esposo, ¡tienes que tratar con las demás y decir que esto es parte del paquete![10]

Acepta el paquete que eres como esposa. Regocíjate en el modo en que estás diseñada. Aprovecha tus puntos fuertes. Adapta tus expectativas para que reflejen aquello que Dios pide que hagas y en que debes convertirte en tu matrimonio, no lo que dictamina la cultura popular. ¡Eres un extraordinario paquete global!

Imagen de hoy

Imagina una casa libre de estrés, donde tu esposo y tú realizan las tareas de limpieza, cocina y mantenimiento de la casa, hacen un presupuesto y planifican el calendario. En esta utopía mental, ¿qué tareas son adecuadas para ti y cuáles se ajustan mejor a tu esposo?

Oración de hoy

Señor, tú conoces mis debilidades en cuanto a mantener la casa. Ayúdame a no odiar ciertos deberes hogareños. Dame sabiduría para reconocer qué debo delegar y qué debo hacer por mí misma. Perdóname por quejarme a veces y por sentir pena de mí misma. Ayúdame a simplificar mi vida en el hogar y a priorizar lo que en realidad es importante para mi esposo y para mí. Concédenos gracia para trabajar juntos como equipo.

10. Entrevista con Liz Curtis Higgs.

Día 11

Sexo sí, platos no

¡Hazme del todo tuya! ¡Date prisa!
CANTARES 1:4 (NVI)

Es tarde por la noche. Estás de pie junto al fregadero de tu cocina comenzando a enjuagar los platos. Tu esposo entra y te lanza esa mirada. Dice algo como: "Vamos a la alcoba. Me encargaré de los platos mañana". ¿Cuál es tu reacción? ¿Estás emocionada por la oportunidad de librarte de los platos por tu vida sexual? ¿O más bien prefieres continuar la tarea y dejar el sexo para otra ocasión?

Debo admitir que me gusta terminar mis tareas y comprobar la lista de mis quehaceres pendientes. Por tanto, tiendo a quedarme en el fregadero con los platos y a veces pierdo oportunidades de ser más romántica con mi esposo. Alguien de quien puedo aprender es Pam Farrel, coautora de *Red-Hot Monogamy* [Monogamia al rojo vivo]. Pam declara:

> Lo primero es comprender que la monogamia al rojo vivo es un regalo que Dios ofrece a esposo *y* esposa. No es un deber. No es como los platos. No es como lavar la ropa. En realidad es algo que Dios hizo para bendecirte. Cuando metes eso en tu mente, es más fácil querer monogamia al rojo vivo porque comprendes que Dios quiere bendecirte. Tu esposo quiere bendecirte. Esto es algo bueno. Date permiso para ser esa mujer sexual que disfruta el sexo, porque es un regalo de parte de Dios.
>
> Creo que a veces las mujeres se estancan en que no creen que podrían o deberían disfrutar el sexo. Dios pudo habernos acoplado de tal modo que nuestra anatomía solo funcionara para reproducción, pero acopló nuestros cuerpos para que el sexo fuera agradable. Creo que esto muestra el amor de Dios por nosotras. Cuando la relación con tu esposo es la

> más importante, todo lo demás se ubica en la perspectiva apropiada.[11]

¿Qué pasa si quieres que el sexo sea parte importante de tu matrimonio, pero no te sientes realizada? Cuando entrevisté a la terapeuta sexual y escritora Joyce Penner para mi libro *31 Days to a Happy Husband* [31 días para ser un esposo feliz], ella ofreció este consejo a las esposas:

> Uno de los juegos en que las mujeres participamos es pensar: *Si él me amara de veras, haría esto y aquello,* en lugar de asumir la responsabilidad por nosotras mismas y entender cuándo hemos tenido los mejores momentos sexualmente. ¿Qué hace que sea mejor? ¿Qué puedo hacer para asegurar que ocurra? ¿Cómo puedo prepararme para eso?
>
> Muchas mujeres tienen falsas expectativas acerca de sí mismas y de sus esposos, sea que provengan de haber leído novelas de romance, de haber visto películas o de haber experimentado relaciones sexuales antes del matrimonio. Andan buscando lo que llamamos sexo impulsado por dopamina, el sexo de adrenalina que simplemente te desintegra y se apodera de ti. Si no sientes tales clases de sensaciones, piensas: *Sencillamente él no me enciende*, y te apagas. El sexo en el matrimonio no funciona en ese tipo de respuesta de novela de romance. Solo funciona en una intimidad mucho más profunda y conectada.[12]

En el mundo de las novelas, podemos escapar a una vida erótica de fantasía irreal. Esto es pornografía suave para las mujeres, y resulta ser un veneno para el matrimonio cuando tu esposo no está a la altura del hombre de tus fantasías. Tienes que librarte de cualquier influencia que amenace la santidad del lecho matrimonial.

¿Tienes tu kit de ensalada?

Kathi Lipp, autora de *The Husband Project* [El proyecto de esposo], tiene una gran idea para mantener lo picante en tu vida amorosa. Ella y su esposo Roger compraron lociones y aceites diferentes con sabores como guayaba, melocotón y limón. Roger dijo que parecía más como los ingredientes que pones en una ensalada. A partir de entonces lo llamaron

11. Entrevista con Pam Farrel.
12. Entrevista personal con Joyce Penner, 28 de julio, 2011.

"el kit de ensalada". Así cuando viajan, pueden decir: "¿Empacaste el kit de ensalada?" sin avergonzarse delante de los niños. ¡Toda pareja necesita un kit de ensalada!

Otro elemento de la despensa es un poco más embarazoso. Aquí Kathi habla de lo que la madre de un preescolar expresó acerca de su ropa íntima:

> Pregunté a la audiencia cómo pueden hacer más felices a sus esposos. Estábamos en el tema de la ropa íntima, y una mujer declaró: "Tengo un consejo cuando quieres ahorrar dinero en tu ropa interior comestible". Podrías haberme golpeado con una pluma. Vaya, eso nunca ha sido una preocupación para mí. ¿Qué partida presupuestaria asigna un asesor económico a la ropa interior comestible? ¿Es comida? ¿Entretenimiento? ¿Vestuario? No lo sé. Así que le daré el consejo de esta mujer, quien compra rollos de fruta, los corta y se fabrica su propia ropa interior.[13]

Así que ahí lo tienes. ¡Un uso inesperado para los rollos de fruta! La creatividad junto con un sentido del humor puede llegar lejos en el dormitorio. A las mujeres les encanta crear cualquier cosa, desde un centro de mesa hasta fotomontajes, desde arreglos florales hasta imaginativos pastelitos. ¿Por qué no usar esa creatividad dada por Dios en tu vida sexual? Mientras más inviertes en crear momentos íntimos entre tu esposo y tú, más feliz serás a puerta cerrada.

Aprovecha los momentos

He oído que es difícil tener una gran vida sexual cuando tus hijos son pequeños, pero estoy pensando que es aún más difícil cuando son adolescentes. Ahora que mis hijos tienen tres, seis y ocho años, se acuestan temprano. No tienen idea de qué estamos haciendo cuando cerramos la puerta por la noche. Así que, madres de preescolares, ahora es el momento de atacar a tu esposo. No te demores ni pierdas la oportunidad, porque cuando los hijos sean adolescentes, estarán despiertos mucho después de que te retires a la noche. Ellos estarán conscientes de todo sonido en la casa. He oído decir a padres de adolescentes que se deben aprovechar los momentos que se presentan. Si los chicos salen por una pizza, ¡deja todo lo demás y corre a la alcoba! Las tareas, el pago de cuentas y los correos electrónicos pueden esperar hasta que ellos regresen.

13. Entrevista personal con Kathi Lipp, 28 de febrero, 2013.

Cuando James cumplió treinta y nueve, escondí treinta y nueve trozos de papel alrededor de la casa. Cada trozo tenía escrito algo que yo apreciaba acerca de él. La mayoría de los comentarios estaban clasificados para toda edad y algunos trataban con el amor romántico. Creí que él había encontrado todos los treinta y nueve, pero en su fiesta de cumpleaños la pequeña hija de nuestra amiga le preguntó a su mamá: "¿Qué es esto?". La chica estaba sosteniendo un trozo de papel que decía: "Me gusta la manera en que me haces sentir cuando hacemos el amor". ¡Vaya, eso fue embarazoso! En ocasiones, los mensajes destinados a ser privados caen en manos equivocadas. Pero eso no significa que debamos dejar de escribir notas de amor.

Quizá una de las notas más fabulosas de amor está abierta para que todos la lean. Cantares 1:2, 4 nos enseña a aprovechar el momento:

> Ah, si me besaras con los besos de tu boca… ¡grato en verdad es tu amor, más que el vino!… ¡Hazme del todo tuya! ¡Date prisa! ¡Llévame, oh rey, a tu alcoba! (NVI).

¿Puedes oír el gozo en la voz de la mujer sunamita? Casi puedes oírla reír.

Por tanto, la próxima vez que tu esposo sugiera que dejes los platos a un lado por algo más romántico, recuerda sonreír y darte prisa. También podrías agarrar tu kit de ensalada camino al dormitorio.

Imagen de hoy

Imagina a tu guapo esposo caminando lentamente hacia ti. Él se inclina y te susurra al oído cuánto te ama. No puedes esperar a caer en su abrazo más tarde por la noche porque ____________________(termina la frase tú misma).

Oración de hoy

Señor, gracias por la belleza e intimidad del amor sexual. Quiero acercarme físicamente más a mi esposo y disfrutar lo mejor que tienes para nosotros dos. Forja tiempo libre esta semana para que mi esposo y yo estemos juntos. Quita cualquier cosa que amenace estar entre nosotros. Haznos uno en cuerpo, mente y espíritu. Por favor, pon en mi corazón pasión profunda por mi esposo.

Día 12

Descanso desafiado

Venid a mí todos los que estáis trabajados y cargados, y yo os haré descansar.
MATEO 11:28

Tal vez pienses: *Yo podría ser una esposa feliz si no estuviera tan cansada.* Cuando estás agotada, descuidada, debilitada y acabada, actuar en forma feliz no está en lo alto de la lista de tareas pendientes. Entiendo totalmente eso. James sería el primero en decirte que si dormir fuera un deporte olímpico, yo me ganaría una medalla de oro.

Cuando estoy cansada y desgastada, me pongo irritable. Una tarea rutinaria como devolver una llamada telefónica parece monumental. En tiempos como estos, James me ha dicho más de una vez: "Debes tomar una siesta. *Por favor*, ve a tomar una siesta". En lugar de ofenderme, gracias a Dios me retiro a mi alcoba y me acuesto. Sé incluso que diez minutos acurrucada en la cama hacen que sea una persona mucho mejor durante el resto del día (y hasta soy más agradable después de treinta minutos).

Bella durmiente

Al igual que muchas de nosotras, Pam Farrel lucha con sacar tiempo para descansar. Como conferencista y escritora enérgica, Pam tiende a trabajar día y noche. En una cita, le preguntó a su médico por qué no estaba perdiendo peso. Había estado ejercitándose y comiendo saludable, y no entendía por qué no estaba viendo resultados en la balanza.

> Una de las primeras preguntas que me hizo mi médico fue acerca de mis patrones de sueño. Contesté: "¡No tengo muchos! No duermo suficiente. Me acuesto después de medianoche y me levanto después del amanecer". El médico dijo que levantarme después del amanecer estaba bien, pero que acostarme a

la medianoche no estaba bien. Todo el mundo necesita dormir de siete a ocho horas como mínimo para mantener la salud. Tuve que reajustar mi reloj corporal y darme permiso para acostarme más temprano.

Cuando tienes una buena noche de sueño, los problemas permanecen en su perspectiva correcta. Si te falta dormir, todos los problemas parecen insuperables. Es muy fácil sentirte abrumada si no has descansado. Creo que cuando nos damos permiso para cuidar muy bien de nosotras mismas, simplemente somos personas más felices. Uno de los mejores regalos que podemos darnos es permiso para tomar una siesta de veinte minutos en medio de la tarde si la necesitamos para continuar con nuestras tareas. Cuando duermo suficiente, me concentro más. Mi mente está más nítida. No tengo tantos problemas de relación, porque soy más agradable. No paso todo mi tiempo resolviendo discusiones que yo misma inicié.[14]

Atarearse es sobrevalorarse

Tengo una amiga en muy buena forma que es entrenadora personal. Solo al mirarle los músculos sabes que tiene algo que a muchas de nosotras nos falta: autodisciplina. Sin embargo, le oí comentar: "¡Nunca hay suficiente tiempo en el día!". Hasta las más disciplinadas entre nosotras pueden sentir el estrés de hacer demasiado en muy poco tiempo. Los niveles elevados de estrés en las mujeres pueden llevar a un aumento de cortisol, que con el tiempo aumenta el riesgo de desarrollar diabetes, enfermedades cardíacas, depresión, fatiga y obesidad.

La doctora Sherita Hill Golden, de la facultad de medicina de Johns Hopkins, declara: "Las mujeres en realidad no están expresándoles su estrés a sus médicos, porque creen que esta solo es una manera normal de actuar".[15] Observa tu vida y la de tus amigas. ¿Qué se ha considerado una programación normal? Tener tu vida programada desde el momento que te despiertas hasta el momento de acostarte es normal para muchas esposas. Ya no hay tal cosa como tiempo de inactividad. Todo minuto está comprometido con alguna clase de actividad, trabajando, revisando correos

14. Entrevista con Pam Farrel.

15. Matthew Rosenbaum, "Women and Stress: Could Your Hectic Life Be Killing You?", *ABC News*, 6 de marzo de 2012, en línea, http://abcnews.go.com/blogs/health/2012/03/06/women-and-stress-could-your-hectic-life-be-killing-you/ (consultado el 31 de mayo, 2013).

electrónicos, mensajeando, llevando a los niños a la escuela y los deportes, sirviendo como voluntarias en la iglesia, obteniendo un diploma superior, haciendo ejercicio, decorando la casa y más. Un horario abarrotado es un símbolo de éxito. Debes estar dirigiéndote a algún lugar si estás tan estresada como todas las demás.

A fin de ser una esposa feliz, debes examinar objetivamente tu programación. ¿Tienes margen en tu calendario o cada hora está justificada? En su libro *Margin: Restoring Emotional, Physical, Financial, and Time Reserves to Overloaded Lives* [Margen: Restauración emocional, física, económica y de reservas de tiempo para vidas sobrecargadas], el doctor Richard Swenson hace la comparación entre una vida con márgenes y sin ellos:

Menos margen no es tener tiempo para terminar el libro que estás leyendo bajo estrés, margen es tener tiempo para leerlo dos veces.

> Menos margen es fatiga, margen es energía.
> Menos margen es tinta roja, margen es tinta negra.
> Menos margen es prisa, margen es calma.
> Menos margen es ansiedad, margen es seguridad.
> Menos margen es cultura, margen es contracultura.
> Menos margen es la enfermedad del nuevo milenio, margen es su cura.[16]

Muchas de nosotras nos sentimos obligadas a ser mujeres ocupadas, comprometidas en exceso, de tareas múltiples, y realizadas. Nos quejamos de no tener suficiente tiempo en el día, pero no estamos dispuestas a hacer algún cambio en nuestras vidas perturbadas. Considera lo que Zig Ziglar manifestó: "Falta de dirección, no falta de tiempo, es el problema. Todos tenemos días de veinticuatro horas".[17] Por mucho que te esfuerces, no puedes hacer una sola cosa para cambiar la cantidad de tiempo que se te ha concedido en un día. Pero sin duda puedes cambiar el modo en que eliges llenar ese tiempo.

Mi amiga y escritora Leeana Tankersley está casada con un Navy SEAL [miembro de la unidad de fuerzas especiales de la Armada

---

16. Richard Swenson, *Margin: Restoring Emotional, Physical, Financial, and Time Reserves to Overloaded Lives* (Colorado Springs, CO: NavPress, 1992), pp. 13-14.

17. En línea, http://www.goodreads.com/author/quotes/50316.Zig_Ziglar (consultado el 30 de mayo, 2013).

Estadounidense]. Ella escribió esto en un *blog* respecto a reducir la velocidad:

> Cuando estás tratando de sacar la pistola con el propósito de limpiar un sitio, un SEAL te dirá: "Despacio, que tenemos prisa". En otras palabras, si tratas de sacar tu pistola demasiado rápido, es probable que en tu intento de ser rápido la agarres con torpeza y se te caiga, o manejes mal aquello de lo que depende tu propia vida. Pero si puedes centrarte en movimientos lentos y deliberados, entonces bajar la velocidad se traducirá en lograr hacer el trabajo más rápido y más seguro.
>
> Pues bien, no tengo absolutamente ningún motivo para sacar una pistola. Ninguno en absoluto. Sin embargo, he aquí lo que me enseña este principio de los SEAL. Puedo tender a pensar que esa forma de ser frenética y demente es la manera en que debo vivir para mantenerme al día con este mundo, con la tecnología, con mi programación, con las expectativas que otros tienen de mí, etc. ¿Y si enfrentar la vida con calma deliberada, con un sentido de intención y con movimientos mesurados, produjera al final mayor productividad y eficacia?[18]

Conócete a ti misma

He aquí unas pocas preguntas para ayudarte a hacer un inventario de tu vida y la necesidad de descanso:

- ¿Qué actividades en tu programación semanal reflejan tus valores (relaciones familiares, trabajo, salud, finanzas, servicio, etc.)?
- ¿Qué actividades extra te quitan tu tiempo cada semana?
- ¿Qué podrías eliminar o simplificar a fin de tener más tiempo para descansar?
- ¿Cómo te gustaría descansar y recargarte (siesta, ver una película, bañarte, caminar, escribir un diario)?
- ¿Trabajas mejor a un ritmo de vida rápido o más lento?
- ¿Estás durmiendo de siete a ocho horas todas las noches?
- ¿Haces ejercicio al menos una hora tres veces por semana o treinta minutos diarios?

18. Leeana Tankersley, "Channeling Your Inner Navy SEAL, #2", *Gypsy Ink* (*blog*), 26 de marzo de 2013, en línea, www.gypsyink.com/2013/03/channeling-your-inner-navy-seal-2/ (consultado el 11 de abril, 2013).

Podrías preguntar qué tiene que ver el ejercicio con el descanso. Cuando estás cansada, tu instinto natural es no ir al gimnasio. No obstante, el ejercicio regular te ayudará a dormir de manera más profunda y te dará un refuerzo de energía durante el día. En *31 días para ser una mamá feliz,* escribí que iba con mi madre a ejercitarnos en bicicleta estática. Lo hemos interrumpido por algunos años y acabamos de volver a empezar. ¡Se siente fabuloso!

Así que, si quisieras ser una esposa más descansada, podrías considerar una nueva rutina de ejercicios o eliminar actividades diversas que, con muy poca restitución, estén quitándote la energía. Y mientras miras tu calendario, ¿por qué no planificas para este fin de semana una acogedora siesta la tarde del domingo?

Imagen de hoy

Si tu programación semanal estuviera representada por una página en un libro, ¿cómo se vería? ¿Tendría estructura o estaría garabateada por todas partes? ¿Y qué hay del espacio en blanco... habría algún margen o todos los espacios estarían llenos de actividades?

Oración de hoy

Señor, no quiero estar tan atareada que extrañe tu voz. No quiero estar tan agotada que no pueda disfrutar mi vida y mi matrimonio. Muéstrame cómo reducir la velocidad y hacer espacio para que me hables. Jesús, tú llamas a los cansados y les ofreces descanso. Ayúdame a discernir lo que es importante en mi programación y qué debería eliminar. Por favor, dame descanso y restaura mi alma.

Enfoque 3

Ten **F**e

Sé adaptabl**E**

Ac**L**ara tus pensamientos

I

Z

Día 13

Estás sola en la cima

Bienaventurados los que habitan en tu casa; perpetuamente te alabarán.
Salmo 84:4

Imagina un grupo de cinco esposas sentadas en una cafetería conversando acerca de sus matrimonios. Oyes que una de ellas exclama: "¡Ustedes no me creerían lo que mi esposo hizo ayer!".

Por lo general, lo que sigue es un recuento pormenorizado de algo ridículo que el esposo hizo o dijo. Olvidó su aniversario de bodas o encogió la blusa favorita de ella en la secadora. Rara vez es algo positivo o loable. Se ha convertido en un deporte popular despotricar de los defectos de nuestros esposos y nuestras vidas.

Hoy día las mujeres se unen mediante quejas, compadeciéndose por sus matrimonios de segunda clase y por sus esposos insensibles. Quejarse está justificado porque se ve como algo terapéutico. Nos quejamos con el fin de saber que no estamos solas. Debajo de la crítica quisquillosa, hay una necesidad de relacionarnos con otras personas y de llamar la atención hacia nosotras mismas.

Por otra parte, si eres una esposa que estás constantemente delirando acerca de tu esposo, tus amigas podrían estar ocupadas la próxima vez que las llames para tomar un café. Una esposa que es así de feliz tiene que ser falsa, malcriada o soberbia. Ser una esposa positiva puede aislar a ciertas amistades. La cima del mundo puede ser un lugar solitario.

La cita en la peluquería que le cambió la vida

Fawn Weaver, autora de *The Happy Wives Club* [El club de las esposas felices], era una joven, próspera gerente comercial y copropietaria de un excelente restaurante entre Beverly Hills y el occidente de Los Ángeles. Aunque soñaba casarse, no tenía tiempo para experimentar con salidas y novios. Esperaba que Dios le presentara el hombre correcto.

Fawn necesitaba una peluquera nueva, y su amiga le sugirió una mujer llamada Odia, quien le había arreglado el cabello durante más de quince años. La joven terminó convirtiéndose en una de las clientas de Odia, pero a diferencia de otras, a Fawn no le gustaba hablar en la peluquería. Trataba con su personal por teléfono o ansiaba silencio. Sin embargo, Odia por lo general mantenía la conversación centrada en su tema favorito de su hijo único, un hijo que resultaba ser soltero. Fawn recuerda:

> Un día ella me lavaba el cabello y declaró:
>
> —Es sorprendente a tu edad el nivel de negocios que diriges. No logro imaginar dónde estarás a tus cuarenta. Gobernarás el mundo.
>
> —Esto solo es un pasatiempo —respondí entonces—. Lo que siempre he deseado más es ser una excelente esposa y madre.
>
> —¡Tienes que conocer a mi hijo! —exclamó Odia sin dejar pasar ni siquiera un segundo.
>
> Ella tenía a su hijo Keith en un pedestal muy alto. ¡Yo no quería conocer al hijo único de alguien!

Una cita tras otra en la peluquería, Fawn siguió haciendo caso omiso a las súplicas de Odia de que conociera a su hijo. Finalmente cedió y le dio a Odia su número telefónico. Pero después de todo eso, Keith no la llamó. Ahora era el turno de Odia de dar excusas. *Mi hijo quiere llamarte, pero ha estado muy ocupado.*

Pasaron semanas, y Fawn realmente no tenía problema al respecto. Había estado asistiendo a una conferencia y se hallaba en el cuarto de su hotel viendo fútbol entre sesiones. De pronto sonó el teléfono, y un hombre con una voz superprofunda pidió hablar directamente con ella.

—¿Es esta la Segunda Venida? —bromeó Fawn, a lo que ambos rieron.

—Has estado hablando con mi madre —dijo entonces él.

Esa primera llamada telefónica duró horas. Al final de la plática, Fawn le comunicó a Keith:

> "Esta ha sido una gran conversación. Pero si despiertas por la mañana y sientes que no quieres llamarme, escucha esa voz. Por mucho tiempo, he orado al Señor que cierre la puerta a cual-

> quiera que se supone que no sea mi esposo. Estoy demasiado ocupada para perder mi tiempo". ¡Y así terminé la llamada!

Sin intimidarse, Keith llamó y siguieron hablando por teléfono durante varias semanas. Programaron su primera cita para el 9 de mayo. El día anterior, a Fawn le dio una infección estomacal, pero ella estaba decidida a no cancelar la cita.

> Cuando Keith llegó y abrí la puerta, él te puede decir hasta el día de hoy que yo era la mujer más hermosa que había visto. ¡Estaba un poco más delgada que de costumbre! No pude cenar, pero tuvimos una velada maravillosa y los dos supimos entonces que íbamos a casarnos. No había ninguna duda al respecto.

Desde entonces han sido inseparables. El 6 de septiembre él le propuso matrimonio, y el 27 de diciembre se escaparon para casarse. Planeaban casarse en abril, pero al día siguiente de Navidad, Keith preguntó: "¿Por qué razón estamos esperando para casarnos? ¿Por qué no nos casamos esta noche?". Condujeron hasta Las Vegas, y a la mañana siguiente eran marido y mujer.

Keith y Fawn no se conocieron ni se casaron en una manera convencional. Y en comparación con muchas parejas, en realidad tampoco ven el matrimonio en una manera convencional. Fawn manifiesta:

> Muchas veces, especialmente en la iglesia, esperamos preparar a las parejas casadas haciéndoles buscar todos los escenarios más negativos posibles. Y si buscas algo, lo encontrarás cada día. Las personas me dirían: "Ustedes van a pelear". Yo les respondería: "Esa será tu vida, no la mía". Rechazaría de plano tales comentarios y me dedicaría a demostrarles que se equivocan.
>
> Desde el principio, me propuse que solo escucharía a personas que tuvieran cosas positivas que decir en cuanto al matrimonio y que ya hubieran tenido éxito en sus propios matrimonios. Y si iba a escuchar a personas que no habían tenido éxito en sus propios matrimonios, solo era con el propósito de ver lo que yo no debía hacer. Soy disconforme todo el tiempo. ¡En realidad puede ser provechoso ser rebelde!

> Creo que deberíamos dar permiso a las personas para ser felices. Esto es algo que se ha perdido hoy día porque no quieres jactarte. Puedes hablar de cómo tu esposo nunca baja el asiento del inodoro, y nadie dirá nada. Pero si hablas de cuán considerado es él y que siempre pone el rollo de papel higiénico del modo en que lo quieres, ahora estás jactándote. Creo que eso debería cambiar.[1]

Estoy de acuerdo con Fawn. No tengamos miedo de decir en voz alta: "Mi esposo pone el papel higiénico como me gusta, ¡y creo que él es maravilloso!". Un llamado a todos los rebeldes: es hora de ser positivos acerca de nuestros matrimonios. No es necesario estar a solas en la cima.

Me gusta lo que Gary Chapman escribe en cuanto al poder fundamental de una actitud positiva:

> La actitud tiene que ver con el modo en que elijo pensar en las cosas; es el resultado de mi enfoque. Dos hombres miran a través de las barras de la cárcel, uno ve lodo, el otro ve estrellas. Dos personas estaban en un matrimonio conflictivo, una maldijo, la otra oró. La diferencia es actitud.
>
> El pensamiento negativo tiende a generar más pensamiento negativo. Concéntrate en lo terrible que es la situación, y esta comenzará a parecer peor. Concéntrate en algo positivo, y algo más aparecerá. En la noche más oscura de un matrimonio atribulado, siempre hay una luz titilando. Enfócate en esa luz, y finalmente esta inundará la habitación.[2]

He aquí cómo inundar tu hogar con luz. Hasta la llama más titilante, un cambio positivo de actitud y acciones, influye en gran manera.

Imagen de hoy

Estás de pie en la cima de una montaña. Tu corazón está lleno de amor por tu esposo. Estás muy agradecida de que Dios lo haya traído a tu vida. ¿Qué vas a gritarle al mundo allá abajo? Me encanta mi esposo porque es __________________.

---

1. Entrevista personal con Fawn Weaver, 26 de febrero, 2013.
2. Gary Chapman, *The One Year Love Language Minute Devotional* (Carol Stream, IL: Tyndale House Publishers, 2009), 6 de junio.

Oración de hoy

Señor, quiero enfocarme en las estrellas y no en el lodo. Te pido que me hagas una persona más positiva, alegre y agradecida. Gracias por unirnos a mi esposo y a mí. Continúa escribiendo nuestra historia de amor para que te traiga gloria y honra. Gracias, Jesús, porque eres la luz del mundo. Ven y llena con tu luz mi casa y mi matrimonio.

Día 14

Baja el arma

La muerte y la vida están en poder de la lengua,
y el que la ama comerá de sus frutos.
Proverbios 18:21

Solo pocos días antes de mi cumpleaños cuarenta, James comenzó a hacer algunos comentarios que me dolían profundamente. Ni siquiera eran acerca de envejecer. Ambos estábamos fuera de forma, pero él decía cosas como: "No estás tan enferma como yo" y "Levántate y ve al gimnasio". James criticaba mi forma de conducir (estoy segura de que eso nunca te ha ocurrido), declarando: "¿Por qué aceleras hasta el semáforo en rojo? Debes anticipar lo que hay adelante en el camino". Después del desayuno, hizo un comentario sarcástico respecto a la mesa desordenada.

¿Puedes sentir la tensión en aumento? Aunque muchos de sus comentarios eran hechos a la ligera, estaban enloqueciéndome. Yo también lo molesté y le pedí que no me criticara durante algunos días. Me contestó con una sonrisa diciendo que era su don ver aspectos que debían mejorarse.

Cuando estuve sola, me di cuenta de que, aunque las palabras de mi esposo eran hirientes, mi reacción a ellas estaba complicando el asunto. Oré: *Dios, cámbiame. Ayúdame a que mi esposo me guste ahora mismo. Ayúdame a no estar resentida. Ayúdame a comunicarle las cosas que me molestan y luego ayúdame a olvidar el asunto.*

Dios respondió mi oración ese día. Después me di cuenta de que si mantenía un corazón sumiso hacia Dios, resultaría en tener también un corazón compasivo hacia mi esposo. Lo contrario también es cierto. Cuando endurezco mi corazón hacia mi esposo, también estoy endureciendo el corazón hacia Dios. Nuestro corazón y nuestras palabras están relacionadas como indica el Salmo 19:14:

> Sean gratos los dichos de mi boca y la meditación de mi corazón delante de ti, oh Jehová, roca mía, y redentor mío.

¿Usaremos nuestras palabras como armas contra nuestros esposos para desquitarnos? ¿O usaremos nuestras palabras para sanar y restaurar?

Mi boca me mete en problemas

¿Recuerdas a la escritora británica Poppy Smith y su historia de arrepentirse de haberse casado con el estadounidense soñador? Esta mujer llegó a una crisis en su tercer y cuarto año de matrimonio, y oró a Dios respecto a uno de los problemas más graves que enfrentaba: su boca.

> Empecé a pedirle a Dios que me mostrara cuando me estaba volviendo irritable, porque gran parte de mi problema era mi boca. Mi madre era muy cálida, espontánea, emocional y muy verbal. Por supuesto que así era yo, pues tenía un verdadero problema con la irritabilidad y con perder la paciencia. Me enojaba antes de ser consciente de ello. Poco a poco, el Señor trataba de mostrarme que me estaba irritando. En mi mente y mi corazón, podía darme cuenta de que me hallaba tensa.
>
> Entonces el Espíritu Santo me traía estos pensamientos: *Poppy, ¡cierra la boca!* Si no lo dices, en lugar de estar apuñalándose con palabras, se elimina gran parte del dolor. *Cierra la boca.* Entonces el Señor me reveló esto: *Haz que tus escollos se conviertan en puntos de apoyo.* Iba al baño, cerraba la puerta y tan solo clamaba a Dios. Físicamente, nuestra adrenalina sigue fluyendo y tal vez eso es lo que nos impulsa a decir cosas cuando estamos enojadas. Debemos salir de esa situación. Podrías salir a caminar o ir a un lugar apartado y preguntar: *Bien, Señor, ¿qué detonó mi ira?*

Poppy quería saber de dónde venía su infelicidad. No deseaba ser como un hámster que corre sin parar en una rueda sin ir a ninguna parte. Así vio sus respuestas emocionales a su esposo. Cuando comenzó a preguntarse: "¿Cómo levanto mi matrimonio en lugar de destruirlo?", Poppy vio que tenía el poder y el control del Espíritu Santo sobre su corazón y su boca. Poco a poco, comenzó a cambiar.

> Después de ser demasiado verbal, cambié de dirección y callé. Simplemente no diría nada. Solo quería llevar el problema delante del Señor. Pero entonces no estaba edificando la

relación. Estaba permitiendo que un montón de ira se levantara en mí. Yo no decía nada, pero allí estaba el enojo.

Aprendí a decir lo que pienso y a no enterrarlo. *Cuando tan solo dices: Sentí esto, ¿es eso lo que quieres decir?* Pienso en qué están haciendo mis palabras. ¿Estoy humillando o devaluando a mi esposo? ¿Está él haciéndome eso? Hemos aprendido a decirnos: *Lo siento. No quise decir eso. Eso no fue lo que quise decir.* Ahora edificamos vínculos juntos. Aún nos irritamos uno al otro porque vemos las cosas en maneras diferentes. Pero queremos que nuestro matrimonio continúe y que seamos felices. Debemos encontrar maneras de cooperar y trabajar juntos.[3]

Palos y piedras

Podemos aprender mucho de la historia de Poppy. Es posible cambiar hábitos muy arraigados, especialmente con el poder del Espíritu Santo. Si tienes un historial de hablarle a tu esposo en medio de la ira, no tienes que vivir esclavizada a esos estallidos. No quieres reprimir tales sentimientos, pero quieres aprender a comunicarte en una manera constructiva, no destructiva. ¿Cómo puedes notar la diferencia? Digamos que quieres decirle a tu esposo que estabas enojada por el modo en que criticó tu comentario acerca de la compra de un artículo grande.

Palabras constructivas: "Cariño, estoy tratando de ser más responsable con el dinero. Pero ni siquiera parece que escuchas mis preocupaciones. ¿Existe una manera mejor en que podamos hablar? ¿No estás de acuerdo con lo que dije?".

Palabras destructivas: "No sé por qué me molesto en tratar de razonar contigo. Cuando tengo una opinión, simplemente me ignoras. No te importa lo que pienso acerca de nuestra economía. Tomas decisiones todo el tiempo sin considerar mis sentimientos".

¿Puedes ver cómo tus palabras preparan el terreno para la respuesta de tu esposo? Las palabras constructivas buscan una solución. Tratan de mejorar las cosas y promover crecimiento. Son útiles y convenientes. Ten en cuenta que las palabras constructivas pueden ser negativas. Muchas veces tienes que diagnosticar problemas y hablar de ellos de forma sincera antes de poder arreglarlos.

Las palabras destructivas hacen lo contrario. Buscan dañar, desacreditar y arruinar. Siempre son desfavorables y negativas. No hay nada

3. Entrevista con Poppy Smith.

redentor en las palabras destructivas. Se alojan en nuestros corazones y causan daño a largo plazo si lamentablemente no se les atiende. Todos sabemos que es falso el dicho: "Palos y piedras pueden quebrar mis huesos, pero las palabras nunca me lastimarán".

Proverbios 19:13 dice que son "gotera continua las contiendas de la mujer". Queremos ser reparadoras de techos y no goteras continuas. Queremos que nuestras palabras hagan crecer nuestro matrimonio y no que lo arruinen. Hoy es un gran día para deponer nuestros palos, piedras y palabras hirientes.

Imagen de hoy

Cuando abres la boca para hablarle a tu esposo, ¿qué tipo de palabras brotan por lo general? ¿Son palabras positivas como un ramo de flores? ¿O son palabras agudas, más como palos y piedras?

Oración de hoy

Señor, que la meditación de mi corazón y las palabras de mi boca sean de tu agrado. Perdóname por ser una esposa buscapleitos. Ayúdame a buscar paz y a usar mis palabras en forma constructiva y afirmadora. Dame las palabras correctas para comunicarme con mi esposo hoy. Lléname con el Espíritu Santo a fin de poder ejercer dominio propio con mis palabras todos los días.

Día 15

De molestias a bendiciones

Todos los días del afligido son difíciles; mas el de corazón contento tiene un banquete continuo.
PROVERBIOS 15:15

¿Qué te molesta más de ser esposa? Tal vez se trate del horario de trabajo descontrolado de tu esposo o de esas medias tiradas en el suelo. Hoy vamos a considerar cómo cambiar *molestias* en *bendiciones.* Todos los días enfrentas una decisión. ¿Estarás irritada o agradecida por tu esposo, como un paquete con todas sus fortalezas y debilidades?

Pam Farrel mantiene las molestias al mínimo en su casa concentrándose en la integridad de su esposo. Agradece mucho que Bill cumpla las promesas que le hace a ella y a los niños. Él es fiel a Dios. Con eso en mente, no es tan malo levantar las tazas sucias de café que deja por toda la casa.

Pero, ¿y si últimamente tu esposo no ha estado cumpliendo sus promesas? Si está fallando en un aspecto importante, como una adicción o una aventura amorosa, sugiero que acudas a un consejero cristiano. Que tengas una actitud positiva ayudará, pero no resolverá el problema de raíz. Pasar por alto lo que está mal no ayudará. Pero si tu esposo no está participando en alguna conducta destructiva, sería prudente que te enfocaras en sus fortalezas y no en sus imperfecciones.

Es muy fácil quejarse

Existe una diferencia palpable entre la queja y la crítica constructiva. Digamos que le envías a tu esposo una lista de compras para el supermercado. Cuando llega a casa, te das cuenta de que ha olvidado comprar el pollo. *¿Cómo se supone que se hará la comida sin que haya pollo? Le enviaste claramente el mensaje con la lista. ¿Cómo pudo ser tan descuidado?* Tu esposo se disculpa y dice que no leyó esa palabra importante *pollo.* Ese día ustedes comen sobras.

Al día siguiente estás almorzando con tus amigas. Preguntas: "¿Saben lo que mi esposo hizo ayer? Le envié una lista de compras para la cena, y él olvidó traer el pollo. ¿Cómo se le pudo pasar por alto algo tan básico?".

Tu amiga interviene hablando de cómo ella nunca confía en su esposo con la lista de compras. Otra esposa dice que deberías estar contenta de que tu esposo realmente vaya a la tienda, porque el esposo de ella no lo haría. Ni siquiera han pedido el almuerzo, y la locomotora de quejas ya está en marcha.

Muchas esposas creen la mentira de que quejarse está bien porque es una forma de desahogarse. Pero desahogarse (dar expresión a algo) es útil solo cuando se hace con las personas apropiadas y con el propósito positivo de redención. La mayoría de los desahogos son quejas, gruñidos, lloriqueos y lamentos con otro nombre. Esto no es algo constructivo. No te acerca a tu esposo, sino que asombra cómo hace lo opuesto: abrir una brecha entre ustedes.

Por otra parte, la crítica constructiva acerca del pollo olvidado debería estar dirigida a tu esposo, no a tus amigas. Debes hacer comentarios que en realidad sean útiles y que busquen mejorar la situación. "Cariño, la próxima vez que hagas las compras, ¿podrías detenerte y antes de salir asegurarte de que todos los artículos estén en el carrito? ¿Preferirías que te envíe una lista por correo electrónico? ¿Podrías volver a la tienda y comprar el pollo?". Ocúpate en solucionar el problema, no en atacar al infractor. El dilema del pollo debe ser atendido en casa. Así, al día siguiente, en el almuerzo con las amigas, no habrá más queja acerca de pollos olvidados a la cual referirse.

Habla con él

Kathi Lipp se refiere a la importancia de hablar bien de tu esposo con tus amigas, en lugar de derribarlo:

> Si estás criticando a tu esposo delante de mí y no estás haciendo nada para corregir tu relación, te quiero mucho, me preocupo de ti, pero no puedo juntarme contigo, porque esperas que yo también hable mal de mi esposo. Y no voy a hacer eso. He estado en una relación como esa antes, y la tentación es seguir al rebaño.
>
> Escuché una vez que te vuelves como las cinco personas con quienes más te juntas. Eso es muy sabio. Si las personas con quienes te juntas son negativas hacia sus esposos, serás negativa

> en cuanto al tuyo. Pero si están comprometidas en edificar sus matrimonios y a sus esposos, sucederá igual contigo.
>
> Encuentra a propósito aspectos por los cuales respetar a tu esposo. Aunque lo único que puedas decirle sea: *Gracias por tender la cama hace seis meses cuando vino tu mamá*, si eso es lo único que tienes, empieza con eso. Mientras más busques aquellos detalles acerca de los cuales animarlo, más encontrarás otros aspectos positivos. Además, es increíble lo mucho más agradables que los esposos pueden ser cuando nosotras somos agradables. Esto influye en gran manera.

Kathi sugiere reunirte con una amiga no para quejarte de tu matrimonio, sino para que se pregunten mutuamente: "¿Qué has dicho para animar hoy a tu esposo?".

> Si tu esposo no está actuando en una manera que se esté comunicando contigo, a veces no se debe a ti. Quizá se sienta como un perdedor en el trabajo o como un perdedor en su papel de padre. Hay muchas verdades de las que solo una esposa puede hablarle a su marido. Poder decirle: *Te amo, me preocupo por ti, creo que eres muy inteligente, te extraño, me haces sentir protegida,* son cosas que pueden cambiar a tu esposo. Y al hacerlo, cambias tu propio nivel de satisfacción en el matrimonio.[4]

El problema con las quejas

¿Cuál fue uno de los principales pecados que los hijos de Israel cometieron después de escapar de Egipto? Se quejaron de lo que iban a beber (Éx. 15:24; 17:3), de lo que iban a comer (Éx. 16:3) y de que irían a morirse en el desierto (Nm. 14:2).

> Y Jehová habló a Moisés y a Aarón, diciendo: ¿Hasta cuándo oiré esta depravada multitud que murmura contra mí, las querellas de los hijos de Israel, que de mí se quejan? Diles: Vivo yo, dice Jehová, que según habéis hablado a mis oídos, así haré yo con vosotros. En este desierto caerán vuestros cuerpos; todo el número de los que fueron contados de entre vosotros,

4. Entrevista con Kathi Lipp.

de veinte años arriba, los cuales han murmurado contra mí (Nm. 14:26-29).

Las quejas se convirtieron literalmente en una sentencia de muerte para el pueblo de Israel. El poder maligno de quejarse no se puede subestimar. Lo opuesto de quejarse es regocijarse. En lugar de quejarte o de protestar contra algo, debes hallar razones para alegrarte. Sharon Jaynes sugiere: "Comprométete hoy a convertir tus quejas en agradecimiento, tus lloriqueos en contentamiento, y tus lamentos en alabanza a Dios".[5]

Cuando en tu matrimonio decides agradecer diariamente a Dios por tu esposo, no habrá espacio para quejarte. Pasarás por alto esas pequeñeces que solían molestarte, optando por reflexionar en las muchas cosas por las que estás agradecida. A diferencia del corazón quejumbroso, un corazón agradecido se convierte en la presencia de Dios en tu hogar, convirtiendo tu desierto en una fuente de vida. Zig Ziglar lo declaró muy bien: "Mientras más estés agradecida por lo que tienes, más tendrás por qué estar agradecida".[6]

Imagen de hoy

Estás sosteniendo una lupa. En lugar de concentrarte en las faltas de tu esposo, intencionalmente vas a colocar esa lupa sobre las fortalezas de él. Enumera dos de esas fortalezas que logras ver.

Oración de hoy

Señor, me arrepiento de quejarme respecto a mi esposo y de refunfuñar de mi vida. Quiero alabarte por bendecirme con ________ y ________. Gracias por la fortaleza que mi esposo trae a nuestro matrimonio. Gracias por su sabiduría e integridad. Bendícenos a mi esposo y a mí con una relación cercana y alentadora que te traiga honra.

---

5. Sharon Jaynes, "The Danger of Ingratitude", Sharon Jaynes, 21 de enero, 2013, en línea http://sharonjaynes.com/the-danger-of-ingratitude/ (consultado el 29 de mayo, 2013).

6. En línea, www.goodreads.com/author/quotes/50316.Zig_Ziglar (consultado el 6 de mayo, 2013).

Día 16

Sonríe, no solo para la cámara

Pero alégrense todos los que en ti confían; den voces de júbilo para siempre... Porque tú, oh Jehová, bendecirás al justo; como con un escudo lo rodearás de tu favor.

SALMO 5:11-12

Cuando alguien apunta una cámara en dirección a ti, ¿qué haces? ¡Espero que sonrías! Es posible que a tu esposo le guste ver esa sonrisa, no solo para la cámara, sino durante todo el día. Liz Curtis Higgs afirma que su esposo le dice a menudo cuánto le gusta la sonrisa de ella. Él dice que cuando Liz sonríe, es como la luz del sol. Liz declara:

> ¡Tal vez deba asegurarme de que el sol brille mucho! A menudo no sonreímos durante el transcurso de nuestro día. No es que estemos frunciendo el ceño. Simplemente estamos preocupadas. A veces veo fotos espontáneas de mí en que mi rostro no luce una mirada feliz. No necesariamente está malhumorado, sino algo insípido. Como si mi cerebro estuviera corriendo y mi rostro olvidara ser feliz. Además, los científicos aseguran que el hecho mismo de sonreír mejora nuestra actitud.[7]

Investigadores están descubriendo que sonreír produce ciertos beneficios para la salud. En un estudio, participaron ciento setenta personas, a quienes les hacían sonreír usando en su boca un par de palillos, colocados de tres formas diferentes. Una manera de hacerlo obligaba a las personas a poner una expresión neutral, la segunda causaba una sonrisa amable, y la tercera forzaba una sonrisa plena en que participaban los músculos alrededor de la boca y los ojos. Los participantes sonrientes

7. Entrevista con Liz Curtis Higgs.

se recuperaron de la tensión psicológica más rápido y tuvieron ritmos cardíacos más lentos.[8]

Intenta esto en el desayuno

Uno de mis libros favoritos es el clásico de Dale Carnegie *Cómo ganar amigos e influir sobre las personas.* Como parte de sus cursos de relaciones humanas, Dale pidió a empresarios que sonrieran a alguien cada hora en el día durante una semana y que, cuando llegaran a la clase, hablaran de los resultados. Un corredor de bolsa de Nueva York escribió una carta al señor Carnegie, en la que le cuenta que, a pesar de haber estado casado por dieciocho años, nunca le sonreía a su esposa ni le hablaba antes de salir para el trabajo. Este hombre era uno de los peores gruñones que recorrían Wall Street.

> Desde que me pidió usted que diera un informe oral a la clase sobre mi experiencia con la sonrisa, pensé que debía hacer la prueba durante una semana. A la mañana siguiente, cuando me peinaba, me miré el seco semblante en el espejo y me dije: "Bill, hoy vas a quitarte el ceño de esa cara de vinagre. Vas a sonreír. Y ahora mismo vas a empezar". Así me dije, y cuando me senté a tomar el desayuno, saludé a mi esposa con un "Buen día, querida", y una sonrisa.
>
> Ya me advirtió usted que seguramente mi mujer se sorprendería. Bien. Eso fue poco. Quedó atónita. Le dije que en el futuro mi sonrisa iba a ser de todos los días, y ya hace dos meses que la mantengo todas las mañanas. Este cambio de actitud en mí ha producido en nuestro hogar más felicidad en estos dos meses que durante todo el año anterior.[9]

¿Te imaginas siendo esa esposa y lo que significaría para ti que tu gruñón marido se transformara en una sonriente compañía de desayuno? Tal vez no seas ni la mitad de gruñona que este esposo, pero quizá podrías beneficiarte de tener una charla matutina para comunicarle a tu rostro que debe sonreír.

Liz Curtis Higgs utiliza lápiz labial rojo para decirle a su rostro que son-

---

8. Sumathi Reddy, "Stress-Busting Smiles", *Wall Street Journal*, 25 de febrero de 2013, en línea, http://online.wsj.com/article/SB10001424127887323699704578326363601444362.html (consultado el 15 de abril, 2013).

9. Carnegie, *Cómo ganar amigos e influir sobre las personas*, pp. 83-84.

ría. Ella afirma: "En todo momento, uso lápiz labial rojo brillante. Siempre lo he usado, cuando ha hecho frío y cuando no ha hecho frío". Al mirarse en el espejo para hacerse retoques durante el día, Liz sonríe mientras se aplica el lápiz labial. El lápiz labial rojo la hace sentir más elegante, más alegre y más feliz, y además le recuerda sonreír y dejar que el sol brille.[10]

Pero él no me da una razón para sonreír

¿Y si quieres que tu esposo te haga sonreír, pero no está dándote mucho con qué trabajar? Recuerdo un miércoles muy atareado en nuestro hogar. En primer lugar, desperté a las cinco y media de la mañana para ir a mi clase de gimnasia. James te diría que es extraño que me levante tan temprano (¿recuerdas mi amor por dormir?). Luego me dirigí a la escuela primaria de los niños para presenciar la participación de la clase de Ethan en un festival de baile popular, seguido por refrescos en el salón de clases. Corrí a casa y tuve una entrevista de radio, y a continuación debí actualizar mi página web que estaba siendo rediseñada. Además, tenía que preparar charlas para los próximos días. ¿Y mencioné que tendríamos compañía que se quedaría en casa al día siguiente, por lo que debía hacer limpieza?

¿Has tenido alguna vez uno de esos días?

Sentí la necesidad de algunas palabras serias de afirmación de parte de James. Pero, por supuesto, no se lo dije. Le envié indirectas a diestra y siniestra, pero él no las captó. Yo jadeaba y resoplaba andando rápidamente por toda la casa con productos de limpieza. Suspiraba y hablaba de cuántas cosas tenía que hacer. Esperaba una palabra de consuelo o un elogio. James seguía trabajando en silencio en su oficina.

Ahora me encontraba incluso más tensionada, porque había añadido a mi lista de quejas: "Tengo un esposo insensible". Hasta que me vino a la mente. Tan solo estoy haciendo mi trabajo. ¿Por qué estoy tratando de captar atención extra? Como madre, escritora y conferencista, este tipo de actividades forman parte del paquete. No elogio a James cuando lleva a los niños a la escuela, cuando termina sus llamadas de negocios y cuando envía mensajes a sus clientes. Todo eso es parte de su trabajo. Esa noche escribí esto en mi diario:

> Hoy comprendí que debo hacer mi parte sin esperar elogios. En lugar de pensar en que James satisfaga todas mis necesidades

10. Entrevista con Liz Curtis Higgs.

> de afirmación, debo apoyarme más en el Señor para buscar aprobación. Quiero dejar de esperar que James pronuncie las palabras mágicas. La verdad es que él ni siquiera sabe que se supone que deba expresarlas.

Habrá muchas ocasiones en que tu esposo hará o dirá algo que te hará sonreír en gran manera. Pero no cuentes con que él sea la fuente principal de tu sonrisa. Simplemente, no puede estar a esa altura. Y cuando necesites esas palabras de afirmación, pídelas. Recuerda: tu esposo no es adivino.

Entrevisté al copresentador de *Enfoque a la familia* John Fuller para mi libro *31 Days to a Happy Husband* [31 días para ser un esposo feliz]. Esta vez tuve el placer de hablar con su esposa Dena. Ellos tienen seis hijos, y al igual que la mayoría de nosotras, de vez en cuando a Dena le cuesta mantener la sonrisa.

> Disfrutamos mucho humor en nuestra casa, lo cual le da verdadera dimensión a las cosas. Dependiendo de la noche alrededor de la mesa de cocina, podríamos estar riendo a carcajadas o teniendo una discusión entre chicas adolescentes que me hace ir llorando a la alcoba. Pero la frivolidad es muy importante. Tienes que poder reír de las cosas que, en un principio, tal vez no te hagan reír.
>
> Poner esa sonrisa en mi rostro es mirar a Jesús y encontrar sonrisas en los pequeños momentos del día. A veces esto me sale bien. Otras veces fallo de forma miserable. Sus misericordias son nuevas cada mañana, así que persevera.
>
> Existe dolor emocional en este mundo. Junto con eso, debe haber gozo. No creo que el gozo elimine el dolor. Puedes tener dolor en un riel y regocijo en el otro. Esas dos emociones pueden estar corriendo juntas al mismo tiempo.[11]

El solo hecho de tener una sonrisa en tu rostro no significa que cada aspecto en tu vida sea perfecto. Pero puede tratarse de una expresión física para demostrar tu fe en Dios. Alégrate y sonríe. Es posible que tu esposo realmente deba ver que el sol resplandece a través de ti. He aquí un hermoso recordatorio del valor de una sonrisa:

---

11. Entrevista personal con Dena Fuller, 7 de marzo, 2013.

No cuesta nada, pero crea mucho.
Enriquece a quienes reciben, sin empobrecer a quienes dan.
Ocurre en un abrir y cerrar de ojos, y su recuerdo dura a veces para siempre.[12]

Imagen de hoy

Imagina tu rostro… tienes una amplia sonrisa. Imagínate ahora frunciendo el ceño. A continuación, imagina tu rostro con esa expresión neutral y aburrida. Por último, imagina tu rostro con una pequeña sonrisa en los labios. Miras y te sientes mejor cuando tu rostro sonríe, ¿verdad que sí? Hoy vas a fruncir menos el ceño. Sonreirás cuando veas a tu esposo. Deja que el sol brille.

Oración de hoy

Señor, tú afirmas que un corazón feliz es como medicina. Sonreír es bueno para mi salud. Ayúdame a sonreír más a menudo. Te entrego mis preocupaciones y ansiedades. Te entrego mis cargas, porque sé que cuidas de mí. Decido sonreír porque sé que soy amada. Gracias por amarme.

12. Carnegie, *Cómo ganar amigos e influir sobre las personas*, p. 88.

Día 17

Es fácil estar casada contigo

Siempre habla con sabiduría, y enseña a sus hijos con amor.
Proverbios 31:26 (TLA)

El año pasado, James y yo hicimos el ayuno de Daniel.[13] James había perdido casi dos kilos y medio, y yo había perdido doscientos gramos miserables. Cuando me tomaba el pelo, yo me defendía declarando: "No lo estoy haciendo para perder peso. ¡Lo estoy haciendo como para Dios!". Para ser sincera, yo *estaba tratando* de perder peso, pero racionalizar me hacía sentir bien. Comencé a mascullar en mi mente: *James está demasiado centrado en el peso. Está obsesionado. Es muy exigente.*

Me sentía dolida, y no quería que la frustración se agudizara. Así que se lo mencioné, y él fue misericordioso. La conversación iba muy bien hasta que confesó que estuvo de acuerdo conmigo en hacer el ayuno para ayudarme a perder peso. Lo dijo como algo agradable (piensa en todos los esposos que no renunciarían a la comida chatarra ni siquiera cuando sus esposas están tratando de hacer dieta), pero yo lo oí como "Yo solo hice este ayuno para ayudarte a ser más delgada, porque seamos realistas, tienes que perder un poco de peso".

En ese momento, no pensé que fuera fácil estar casada con James. (Ten en cuenta que estábamos ayunando, ¡y aquí reñimos!). Al poco rato, no estábamos seguros de la razón de estar peleando. Ambos llegamos a la conclusión de que estábamos bajo ataque espiritual, así que oramos juntos.

James desapareció, y escuché que la puerta del garaje se abría. Pensé que mi esposo estaba escabulléndose para comprarme flores. Pero unos minutos después, entró a la alcoba sosteniendo nuestra caja repleta de cartas de amor de cuando salíamos, cuando nos comprometimos y cuando recién nos casamos. Me pidió que sacara tres cartas al azar para leerlas

13. Para información sobre este ayuno, ve a www.daniel-fast.com. Recurso en inglés.

juntos. Una de las cartas era de nuestros primeros meses de matrimonio y fue la respuesta que mi esposo me dio a una pregunta que él había escrito: "¿Qué hago que te hace enojar y te irrita?". Yo le había escrito un par de cosas:

- No me hostigues (no trates de mejorarme).
- No creas que porque algo es fácil para ti, también lo es para mí (por ejemplo, invitaciones de última hora).

¡Fue divinamente divertido! Aquí estábamos, más de una década después, y esas dos cosas aún seguían molestándome. Yo quería que James dejara de hostigarme acerca de mi peso, y estaba enloqueciéndome que perder dos kilos y medio fuera fácil para él, pero no para mí. Puedes ver cómo el Espíritu Santo me llevó a elegir precisamente esa carta de entre otras cien más.

Antes que critiques a mi James y sus comentarios respecto a mi peso, quiero añadir que este es el esposo que le preguntó a su recién casada esposa: "Háblame de las cosas que hago que te molestan. Quiero estar consciente de eso y hacer lo mejor para no ofenderte". Bueno, es fácil estar casada con alguien así.

Puesto que vives con tu esposo, es inevitable que peleen, que se hieran las susceptibilidades y que, de modo equivocado, se irriten uno al otro. Pero he descubierto que es útil remplazar la mentalidad de "es muy difícil vivir contigo" a "es fácil estar casada contigo".

Pero él ni siquiera me cae bien

Tal vez puedas identificarte con esta conversión entre dos amigas:

Melba: Mi esposo fue nombrado Hombre del Año.
Pam: Bueno, eso te muestra qué tipo de año ha sido.[14]

Tu esposo podría no estar en tu lista de las diez personas favoritas todos los días del año. Recuerda que tal vez tú tampoco estés en la lista de él. Si te concentras en lo que no te gusta respecto a tu cónyuge, tu insatisfacción aumentará y te convertirá en una esposa muy infeliz.

Leslie Vernick declara:

---

14. Charlie Jones, *Humor Is Tremendous* (Wheaton, IL: Tyndale House Publishers, 1988), p. 83.

> A menudo esperamos algo incorrecto. Esperamos al príncipe encantado. Podemos desilusionarnos cuando tenemos tales expectativas poco realistas acerca del matrimonio, tipo Hollywood o de las novelas románticas, porque nadie puede estar a esa altura.
>
> Con frecuencia veo matrimonios que son muy infelices. En ocasiones, una mujer está en un matrimonio muy negativo. Pero al sentirse tan frustrada, lo convierte en un matrimonio peor todavía. Todo matrimonio tiene sus desilusiones, por tanto, ¿cómo estás manejando tales desilusiones?[15]

No podemos apreciar los buenos esposos que tenemos cuando nuestras desilusiones son más grandes que la vida y las repetimos una y otra vez. Pam Farrel afirma:

> El aspecto principal que veo en nuestro ministerio matrimonial es hombres realmente buenos que son criticados por sus esposas. Cuando me reúno con una mujer, por lo general manifiesta: "Mi esposo trabaja mucho. No tiene tiempo para mí. Prefiere ver televisión". Deseo decir: "Mira a tu alrededor, tu esposo tiene trabajo cuando muchos hombres no lo tienen. Vaya, él en realidad es un buen padre. Es un líder y un voluntario en la iglesia". Es fácil para las mujeres ver faltas en todos los hombres realmente buenos, en lugar de retroceder y declarar: "Vaya, qué afortunada soy. Mi esposo no me golpea, no viene todo el tiempo borracho a casa, no me engaña con otras mujeres". Si estás casada con un individuo normal, tal vez sea un poco aburrido y tenga un trabajo regular. Te animo a buscar lo positivo en ese individuo.
>
> A inicios de mi matrimonio, me quejaba de que mi esposo pastor no tuviera suficiente tiempo para mí. Decidí hacer un inventario y me di cuenta de que era un privilegio estar casada con un hombre tan responsable, con quien muchas personas querían pasar tiempo. Tal vez seríamos más felices como esposas si empezáramos a agradecer a nuestros esposos y a elogiar las pequeñas cosas que hacen.[16]

---

15. Entrevista con Leslie Vernick.
16. Entrevista con Pam Farrel.

El arte del aprecio

Los expertos en liderazgo Ken y Marjorie Blanchard organizaban una reunión para el club femenino de la universidad de Marjorie. La mujer observó con el rabillo del ojo que Ken estaba levantando platos y limpiando, mientras ella estaba ocupada hablando con sus amigas. Al final de la tarde, entró a la cocina y vio que todo estaba limpio. Los platos estaban en el lavavajillas, y la basura había sido sacada. Marjorie pensó: *¡Qué fabuloso! ¡Qué gran hombre es mi esposo!* Sin embargo, ella olvidó decírselo a Ken.

> Fui arriba a acostarme, entonces Ken me dijo: "¿Sabes? Estoy aquí sentado esperando un elogio". De inmediato pensé que debí haber dicho algo, pero había olvidado hacerlo. Pensé que era maravilloso que él me pidiera el elogio.
>
> Ken tiene toda la razón cuando afirma que las relaciones más sanas se caracterizan por tener cuatro veces más elogios que críticas. Si podemos apreciar lo que los demás hacen y somos muy generosos con la valoración, siempre tendremos algo que sacar en el banco de relaciones.[17]

¿Qué cosas amas y aprecias de tu esposo? Puedes comenzar una lista de las razones por las que es fácil amarlo. He aquí cómo empieza la mía. Es fácil amar a James porque:

- Es un hombre íntegro, que cumple su palabra.
- Ríe todos los días.
- Es un gran oyente y no solo soporta nuestras conversaciones, en realidad las disfruta (¡o al menos siempre me da esa impresión!).
- Es un padre dinámico que cree que enseñar a nuestros hijos habilidades para la vida es responsabilidad principal de él, no de la escuela ni de alguien más.

¡Estoy empezando a entrar en calor! Ahora es tu turno para pensar en por qué es fácil estar casada con tu hombre. Mientras más características positivas busques, más hallarás.

17. Entrevista con Marjorie Blanchard.

Imagen de hoy

Enumera tres aspectos que hacen fácil estar casada con tu esposo:

1.

2.

3.

Oración de hoy

Señor, sé que a veces me resulta difícil vivir. Gracias por las ocasiones en que mi esposo ha sido paciente conmigo, y ayúdame a ser paciente con él. Dame sabiduría para valorar a mi esposo. Dame un nuevo enfoque para ver lo que hace que mi marido sea fabuloso. Gracias porque puedo vivir junto a este hombre maravilloso. Tú has sido muy bueno con nosotros.

Día 18

Caso cerrado

La cordura del hombre detiene su furor, y su honra es pasar por alto la ofensa.
PROVERBIOS 19:11

Recuerdo la primera pelea de recién casados que James y yo tuvimos. Yo no era buena cocinera, pero había adquirido un arma secreta para ayudar en mi causa culinaria: una nueva parrilla George Foreman. Parecía bastante fácil: ponga adentro el pollo, cierre la tapa, ¡y deje que el patentado diseño inclinado con revestimiento antiadherente haga el resto! Me disponía a preparar pollo, arroz y brócoli. Este era un gran acontecimiento en mi vida de recién casada.

Eran casi las cinco de la tarde cuando James entró en nuestro pequeño apartamento de Dallas en el cuarto piso. "Hay un hombre al que crucé en el camino hacia aquí —informó—. Acaba de mudarse. ¿Por qué no lo invitamos a cenar?".

No había modo de tener un invitado a cenar. En primer lugar, yo no tenía suficiente pollo para más de dos personas. En segundo lugar, ya me hallaba nerviosa por tener que servirle la comida únicamente a James, y mucho más a un invitado. En tercer lugar, nuestro apartamento no tenía muchos muebles y no estaba en condición de recibir visitas. En cuarto lugar, yo era planificadora, mientras que James era espontáneo, y esto *no* estaba planeado.

Le indiqué claramente estas razones a James, me disculpé porque no pudiéramos hacerlo y regresé a trabajar en mi parrilla George Foreman. Como diez minutos después, James entró en la cocina y anunció guiñando un ojo: "Nuestro nuevo vecino, Walter, vendrá a cenar dentro de unos minutos".

¿No acababa yo de decir que él no podía venir? ¡Me puse furiosa! Después de cerrar de golpe los gabinetes y de poner otro puesto en la mesa, el timbre de la puerta sonó. "¡Hola, Walter!", saludé en tono amable.

Durante la cena, comí muy poco pollo y brócoli, mientras Walter disfrutaba mi parte. Justo después que nuestro vecino se fue, y la puerta se cerró, mi sonrisa se convirtió inmediatamente en una mueca y entré pateando en la cocina.

James literalmente me atacó y me tiró al suelo como si fuera un tigre. Se colocó encima de mí y puso su enorme cara sonriente cerca de la mía.

—¡Lo siento! —exclamó de modo enfático.

—¿Sientes que yo esté furiosa o sientes porque lo que hiciste fue malo y no lo volverás a hacer? —pregunté.

James hizo una pausa para reflexionar en eso. Después de echar más humo y de hablar, dijo que lo sentía de veras y que no lo volvería a hacer. Acepté sus disculpas y estoy feliz de decir que nunca llevó a alguien a casa a cenar en contra de mi voluntad. ¡Caso cerrado! (Y Walter, si estás allá afuera en alguna parte, eres bienvenido a cenar siempre y cuando me avises por anticipado).

El rencor se desvaneció

Dos seres humanos que viven juntos van a estar en desacuerdo. En esos momentos, la esposa feliz no pretende tener la razón. Por naturaleza, no es amiga de discutir. No ataca de modo automático. Al contrario, trata de resolver el asunto a la mano. No actúa solamente en sus propios y mejores intereses. Busca los intereses de su esposo y del matrimonio.

Un cartel de iglesia decía: "Por mucho que cuides un rencor, este nunca mejorará".[18] Cuando nos han ofendido, podemos revivir una y otra vez en nuestras mentes esas palabras o tal escena. Podemos aferrarnos a nuestras heridas. Estas incluso resultan útiles cuando necesitamos justificarnos, vengarnos o actuar fríamente con nuestros esposos. Podemos jactarnos con otros acerca de lo difícil que ha sido y recibir una sensación de importancia debido a nuestro dolor emocional.

Pero la Biblia deja muy en claro que no debemos albergar rencores. No debemos permitir que amargas sensaciones de resentimiento se cimienten y se fortalezcan. El Padrenuestro declara: "Y perdónanos nuestras deudas, como también nosotros perdonamos a nuestros deudores" (Mt. 6:12). Como si eso no fuera suficiente, Jesús lo vuelve a recalcar en los versículos 14 y 15: "Porque si perdonáis a los hombres sus ofensas, os perdonará también a vosotros vuestro Padre celestial; mas si no perdonáis a los hombres sus ofensas, tampoco vuestro Padre os perdonará vuestras ofensas".

18. Jones, *Humor Is Tremendous*, p. 36.

El antídoto contra guardar rencor es prodigar perdón. Cuando estés tentada a negar el perdón a tu esposo, piensa en esta observación hecha por Sharon Jaynes:

> Cada vez que Satanás vino a Jesús en el desierto para tentarlo, Jesús no trató de vencerlo ni de pelear con él. Simplemente lo encaró con la verdad. Y eso es lo que podemos hacer. Cada vez que Satanás venga a nosotras con una mentira, debemos reconocer esa mentira, rechazarla y decir igual que Jesús: "Escrito está". Adoptamos esa verdad, ya sea que la sintamos o no. Esto no tiene nada que ver con sentimientos.[19]

Satanás podría estar alimentando tus mentiras respecto a tu esposo, susurrándote: *Él no te ama de veras. Nunca te escucha. No te hace feliz.* En lugar de aceptar esas mentiras, responde con verdad de la Palabra de Dios: "sed benignos unos con otros, misericordiosos, perdonándoos unos a otros, como Dios también os perdonó a vosotros en Cristo" (Ef. 4:32).

¿Importará esto mañana?

Cuando Diana Wallis y Taylor, su esposo, tienen algún tipo de conflicto, ella se hace una pregunta sencilla y clarificadora: *¿Vale la pena hacer ahora un problema de este asunto, y tendrá alguna importancia mañana?* Esta pregunta brinda una gran perspectiva. Se hace más fácil abandonar la frustración cuando te das cuenta de que este no es un gran problema que importará en el futuro. Pero si alguna cosa que está fastidiándote ahora aún importará mañana, entonces se trata de un conflicto auténtico con el que es necesario tratar de modo más extenso.

¿No es esa una gran pregunta? Cuando sientes que estás enojada con tu esposo, pregúntate: *¿Importará realmente esto mañana?*

Tuve una oportunidad inmediata de probar este consejo solo unas cuantas horas después que Diana me lo dijo. Mi familia fue a nuestro primer rodeo, y en la puerta nos advirtieron que nos deshiciéramos de toda nuestra comida. Como guardiana de reglas, de inmediato tiré a la basura mis rodajas de manzana. Sin embargo, James sacó de la fila a nuestra familia de cinco para consumir rápidamente los bocaditos que habíamos traído de casa. Me preguntó por las manzanas.

—Eh… las tiré —contesté en voz baja.

19. Entrevista con Sharon Jaynes.

—¿Cómo pudiste tirar comida que estaba en perfecto estado? —cuestionó James—. Sabes que los Pellicane no tiran comida perfectamente buena. ¡Yo quería comer esas manzanas!

—No sabía que íbamos a comer afuera de la puerta —me defendí—. Solo estaba haciendo lo que el hombre ordenó. ¡No es para tanto! Simplemente compremos palomitas de maíz.

Entonces recordé el consejo de Diana y pensé: *Esto no importará nada mañana.* Se acabó, y ninguno de nosotros volvió a recordar la palabra *manzana* por el resto de la velada (además, las palomitas de maíz estuvieron deliciosas).

Es mucho más fácil ser una esposa positiva cuando no albergas resentimientos. Si necesitas ayuda porque tiendes a llevar un registro de equivocaciones, trata de meditar en cómo se comporta el amor:

> El amor es sufrido, es benigno; el amor no tiene envidia, el amor no es jactancioso, no se envanece; no hace nada indebido, no busca lo suyo, no se irrita, no guarda rencor (1 Co. 13:4-5).

Imagen de hoy

¿Sabes cómo resbala el agua de la espalda de un pato? Imagina que las pequeñeces que te irritan respecto a tu esposo resbalan por tu espalda. No pienses en ellas. No las vuelvas más grandes de lo que son.

Oración de hoy

Señor, la Biblia dice que el amor no guarda rencor. Libero todos los rencores que estoy teniendo contra mi esposo. Decido perdonarlo por las ofensas pasadas. Libérame de la falta de perdón. No quiero estar atascada por causa de la amargura y por no perdonar. Tú has perdonado mis pecados, y entiendo que puedo recurrir a tus fuerzas para perdonar a otros. Lléname hoy con tu gracia.

Enfoque 4

Ten **F**e

Sé adaptabl**E**

Ac**L**ara tus pensamientos

Planif**I**ca

Z

Día 19

La esposa profesional

¡Que todo el mundo reconozca los frutos de su esfuerzo!
¡Que todos en la ciudad la alaben por sus acciones!
Proverbios 31:31 (tla)

Mi primer empleo en el colegio fue ser mesera en una cafetería estilo 1950. Debía usar zapatos de dos colores y falda larga a cuadros negros y blancos. A pesar de que me gustaba ese trabajo, sabía que no quería tener sesenta años de edad y todavía seguir acomodando allí a grupos de cuatro. Hice planes para ejercer una profesión en radiodifusión.

¿Qué proyectos profesionales has hecho en tu vida? Es probable que hayas tenido intenciones de asistir a clases, obtener un título universitario o hacer pasantías para aprender un oficio. Has realizado trabajos rutinarios, has hecho indagaciones y has trabajado profesionalmente a tu manera. Por naturaleza, las mujeres somos personas dinámicas, ambiciosas y con capacidad de realizar varias tareas al mismo tiempo. Cuando tenemos la mira puesta en algo que queremos, moveremos cielo y tierra para conseguirlo.

Trasladнамos esta fuerte ética laboral a nuestros matrimonios. ¿Has hecho algunos proyectos profesionales como esposa? ¿Tienes algunos objetivos para lograr en tu matrimonio? La mayoría de nosotras no enfocamos el matrimonio de este modo. Somos intencionales en el empleo o la maternidad, pero cuando se trata de nuestros matrimonios, a menudo dejamos que las fichas encajen donde caigan.

En los próximos días, recibirás el reto de ser más decidida y profesional como esposa. Trata tu rol de esposa no como un trabajo temible, sino como una carrera prometedora. Lo que estás creando en casa no es parecido a voltear hamburguesas en el restaurante de comida rápida de la esquina. Es más como ser la vicepresidenta de una gran empresa, ¡aunque algunos días tal vez no te sientas así!

Búsqueda de esposas virtuosas

Nunca encontrarás este anuncio de empleos en los clasificados, pero se trata de algo grandioso y necesario hoy día en las familias: *Se necesitan: Esposas virtuosas.* Desde la antigüedad, ha sido difícil hallar una mujer de excelencia moral. Proverbios 31:10 pregunta:

> Mujer virtuosa, ¿quién la hallará? Porque su estima sobrepasa largamente a la de las piedras preciosas.

Fui invitada a la clase de tercer grado de mi hijo, y leí una historia de *El libro de las virtudes* de William Bennett. Imagina mi sorpresa cuando pregunté qué era una virtud, y nadie excepto mi hijo pudo responder esa pregunta. Los chicos no son los únicos que no reflexionan en qué significa llevar una vida virtuosa. Virtud significa excelencia moral, vida correcta y bondad. Por desdicha, muchos matrimonios están más influenciados por amas de casa desesperadas que por mujeres virtuosas.

Por eso, ¿cómo puedes planificar objetivamente para hacer de la virtud una parte vital de tu descripción de empleo? Quizá como esposa profesional, puedas hacer que tu objetivo principal sea leer Proverbios 31:10-31 todas las noches de esta semana antes de acostarte. En Proverbios 31 encontramos muchas cualidades de la esposa virtuosa. Ella es digna de confianza, bondadosa, diligente, buena trabajadora, responsable, caritativa, sabia, emprendedora, experta, siempre está lista, y hasta se viste de lino fino y púrpura. El comentario de Matthew Henry dice esto acerca de la relación de una mujer virtuosa con su esposo:

> El esposo piensa que es tan feliz con ella, que no envidia a quienes tienen la mayor parte de las riquezas de este mundo, pues no las necesita. Le basta con tener esa mujer virtuosa. ¡Feliz la pareja que cuenta con tanta satisfacción mutua como esta![1]

Cien por ciento esposa

Existen muchas canciones, parodias, publicaciones en *blogs* y hasta películas acerca de los muchos sombreros que usamos como mujeres. Tenemos un sombrero laboral, sombrero conyugal, sombrero maternal, sombrero de hija, sombrero de amiga y sombrero de voluntaria. A veces

---

1. Matthew Henry, *Matthew Henry's Commentary on the Whole Bible: Complete and Unabridged in One Volume* (Peabody, MA: Hendrickson Publishers, 1994), Pr. 31:10-31.

nos confundimos y nos encontramos abrumadas por las muchas responsabilidades que jalan nuestro tiempo, nuestra atención y nuestro afecto.

Sin duda, Bethany Palmer puede identificarse con esto. Ella es presidenta de Envoy Financial, donde su padre sirve como director ejecutivo. Esta mujer es codirectora ejecutiva de The Money Couple con su esposo Scott y trabaja con él y también con el padre de ella. Y por supuesto, tiene que asumir papeles de esposa y madre de dos hijos en edad escolar.

> Convertirte en esa esposa que quieres ser realmente se resume en una sencilla decisión diaria. Cuando llego a casa, es hora de cambiar el rumbo y centrarme en mi esposo. Quiero que la vivienda esté limpia. Deseo que cuando Scott llegue cada día, la sienta como un lugar especial donde estar. Le doy un gran beso, porque en nuestra situación solamente lo vi hace dos horas en la oficina, pero este es para mí el tiempo de ser esposa y de hacer de la casa un lugar donde él se sienta emocionado de venir. Mi esposo me besa antes de saludar al perro; estas pequeñas cosas son las que me hacen sentir especial. Se trata de una decisión consciente de tomar el gozo que tengo en mi corazón y hacer de Scott un esposo feliz. Me tomo un minuto antes de ponerme ese sombrero de esposa, respiro y pregunto: ¿cómo puedo usar hoy este sombrero de la mejor manera posible?
>
> ¿Hago a la perfección mis labores todos los días? Absolutamente no. Pero algo que me ha ayudado es esa decisión consciente de saber qué sombrero estoy utilizando y hacer lo mejor que puedo mientras lo llevo puesto, sin preocuparme por los otros sombreros.

¿No es esa una gran perspectiva? Cuando usas tu sombrero de esposa, estás cien por ciento en ese papel. No te distraigas con otras cosas cuando tienes ese tiempo valioso durante el día para ser la esposa que tu marido necesita. Sé intencional con ese tiempo que comparten juntos. Bethany continúa:

> Es muy fácil confundir todos tus papeles. Cuando debes estar en el papel de madre, a veces le hablas a tu esposo acerca del trabajo. Pero el tiempo de hablar de eso es cuando tú y él están trabajando juntos, no cuando estás en el modo de crianza y

de atender a los hijos. Creo que comprender el sombrero que llevamos puesto y el modo en que nos encontramos realmente produce felicidad, porque tenemos que ser intencionales con nuestras relaciones. Debemos moldear, masajear y proteger la relación con nuestro esposo, o de lo contrario esta decrecerá.

Tenemos que entregar nuestro perfeccionismo a Dios. En ocasiones creemos que debemos hacer las cosas de forma tan perfecta que añadimos todos estos compromisos adicionales. El trabajo y todo lo demás estarán allí mañana. No van a ir a ninguna parte. Deja esos asuntos en el lugar de trabajo. Déjalos en esas paredes. Déjalos y utiliza tu sombrero de esposa.[2]

Pero espera, hay más

Como es probable que sepas por experiencia, cualquier cosa que se lleva al extremo puede volverse problemática. Si te encuentras desmotivada, totalmente despreocupada y apática respecto a tu papel como esposa, vas a entrar en un camino directo de consejería matrimonial. Pero si encuentras todo tu significado en tu papel como esposa, eso tampoco es saludable. Una sola relación no puede suplir todas tus necesidades emocionales y espirituales. Leslie Vernick dice acerca de su esposo:

> Una de las cosas que hacemos es darnos uno al otro mucho respeto y validación. "Tienes grandes fortalezas, y las aprecio". No todo tiene que ver con el matrimonio. Cada uno de nosotros tiene sus propios objetivos. Creo que eso es muy importante en un matrimonio saludable.[3]

De ahí que sea muy sano tener objetivos personales, comerciales, económicos, espirituales y familiares. Solo asegúrate de que, en tu próxima fijación de metas, incluyas unas cuantas como esposa. ¿Qué puedes hacer para fortalecer tu matrimonio en los próximos seis meses? He aquí algunas ideas para empezar:

- Elijan un pasatiempo que ambos puedan disfrutar juntos.
- Lee un libro que te ayude a comprender mejor a tu hombre.
- Sirvan juntos en una organización de beneficencia.
- Oren juntos antes de acostarse.

---

2. Entrevista con Bethany Palmer.
3. Entrevista con Leslie Vernick.

- Prepárale a tu esposo su comida favorita.
- Participen juntos en un deporte, como caminar, montar en bicicleta, o en un deporte de equipo.

En algún momento hoy, sostén una fotografía de tu esposo y tómate diez segundos para mirar su rostro. Hiciste un voto de amarlo, honrarlo y cuidarlo todos los días de tu vida. En tu propósito de crecer como esposa, no solo tendrás que desarrollar un trabajo de seguridad en los próximos años. Amarás cada minuto de la carrera y del llamado que tienes como esposa.

Imagen de hoy

Si tu esposo tuviera que escribir los requisitos de un trabajo para el cual necesitara una esposa, ¿cuáles crees que serían las tres primeras cualidades que estaría buscando?:

1.

2.

3.

Si te atreves, puedes hacerle esta pregunta más tarde hoy y ver cómo corresponden con tus respuestas.

Oración de hoy

Señor, gracias porque soy una esposa. Te agradezco por estar casada con mi esposo. Deseo entender mejor el papel importante que represento en nuestro hogar. No quiero ser pasiva en cuanto a ser esposa. Quiero ser deliberada. Muéstrame cómo ser tan productiva y virtuosa como la esposa de Proverbios 31. Hazme dar un paso a la vez para no sentirme abrumada. Ayúdame a administrar mi casa con sabiduría y gracia.

Día 20

Intimidad por diseño

¡La voz de mi amado! He aquí él viene saltando sobre los montes, brincando sobre los collados.
CANTARES 2:8 (PDT)

Hace varios años, entré en un concurso de video para ganar una noche de estadía en el Grand Hyatt, en el centro de San Diego. Sin ningún reparo, puse a mis pequeños hijos a actuar en el video, ¡y ganamos! Gracias a ese concurso, James y yo pasamos nuestro décimo aniversario de bodas en una lujosa habitación esquinera en el piso veintitrés. No solo la alcoba era encantadora, el hotel envió de cortesía champaña, trufas y fresas cubiertas de chocolate. Cuando miramos por la ventana después de oscurecer, las luces del centro de la ciudad inundaban el cielo nocturno. El ambiente era totalmente romántico y perfecto.

Como tú y yo sabemos muy bien, no todas las noches del matrimonio son como esta. Pero, de vez en cuando, tienes que planear algo especial para mirar por delante, creando intimidad por diseño.

No mucho tiempo para lo espontáneo

Una relación sexual saludable con tu esposo es parte importante de ser una esposa feliz. Pero en muchos matrimonios, la intimidad pasa a un segundo lugar por otras prioridades, tales como llevar a los chicos a eventos, conseguir un diploma superior o trabajar horas extra. Cliff y Joyce Penner, autores de *The Gift of Sex: A Guide to Sexual Fulfillment* [El regalo del sexo: Una guía para la satisfacción sexual], escriben que uno de los más grandes aspectos de frustración para la mayoría de las personas es encontrar tiempo para el sexo.[4] ¿Puedes identificarte con esto?

4. Clifford y Joyce Penner, *The Gift of Sex: A Guide to Sexual Fulfillment* (Nashville, TN: Thomas Nelson, 2003), p. 197.

Soy una gran creyente de programar regularmente momentos románticos con mi esposo. A pesar de que *espontáneo* podría parecer algo muy soñador, sencillamente no sucede en la mayoría de los hogares ajetreados. Casi todas nosotras debemos programar tiempos regulares para intimidad, citas nocturnas y escapadas temporales. Si la cercanía física es una prioridad en tu matrimonio, tu esposo y tú deben comunicarse más a menudo en cuanto al sexo.

Si eres una persona noctámbula, pero él tiene un proyecto en el trabajo que lo deja agotado para cuando llega a casa, ¿qué puedes hacer? Tal vez a él le guste hacer el amor a la mañana, pero eso no es remotamente atractivo para ti. Cambiar las circunstancias con el trabajo, los niños o la salud pondrá exigencias diferentes en tu tiempo y en tus niveles de energía. Ustedes deben hablar de soluciones que funcionen para ambos. Los dos tienen el mismo objetivo —tener tiempo para satisfacer mutuamente el amor y el afecto físico—; por tanto, recuerda que, mientras hablan, están en el mismo equipo.

A veces se atraviesan temporadas muy atareadas y sumamente agotadoras, en que las relaciones sexuales regulares sencillamente no ocurren. Una forma de aliviar esa tensión para ambos es programar escapadas de fin de semana. A pocas horas de tu casa, es muy probable que haya un escape pintoresco o una ciudad bulliciosa que conformaría un lugar ideal de vacaciones para el romance. Pero recuerda que no tienen que gastar dinero en un fin de semana lejos si no quieren hacerlo. Podrías pasar las vacaciones en un hotel local o incluso quedarte en casa (siempre y cuando ambos se desconecten del trabajo y envíen a los chicos a la casa de algún amigo).

Investigar

Una vez, James hizo la comparación entre mi labor de escribir un libro y hacer el amor. Afirmó que cuando estoy escribiendo un libro, entrevisto personas e investigo mi tema. Me concentro. Me retó a tener la misma determinación cuando de sexo se trata. ¿Podría yo leer buenos libros acerca de sexualidad y tener propósitos definidos en la alcoba? Debo admitir que mi reacción inicial fue eludir y pensar: *No necesito tener otra cosa para hacer.* Pero cuando medité más al respecto, mi actitud comenzó a cambiar.

Así que, si estás buscando un buen libro cristiano sobre sexo, puedes pedirme uno prestado. Tengo una gran colección dando vueltas alrededor de mi mesita de noche, como *The Gift of Sex* [El regalo del sexo],

Is That All He Thinks About? [¿Es eso en lo único en lo que él piensa?], *The Husband Project* [El proyecto de esposo], y la lista continúa. Quiero aprender constantemente sobre la intimidad, porque sé que es importante para mi matrimonio.

En *Red-Hot Monogamy: Making Your Marriage Sizzle* [Monogamia al rojo vivo: Cómo encender la chispa en tu matrimonio], Bill y Pam Farrel escriben:

> Una sorpresa agradable para nosotros es que cuando hacemos del objetivo de la relación sexual un motivo para relacionarnos emocionalmente con nuestro cónyuge y proporcionarle placer, el amor regresa, y descubrimos algo que también es divertido o satisfactorio para nosotros. Creo que Dios nos sonríe cuando tratamos de tener un ajuste de actitud.[5]

¿Puedes imaginarte que el amor que prodigas a tu esposo regrese a ti? Cuando inviertes en hacer más dulce la intimidad en tu matrimonio, Dios derrama sus bendiciones en tu vida. Pam agrega:

> Cuando la relación con tu esposo es la máxima prioridad para ti, todo lo demás se ubica en la perspectiva adecuada. Los chicos, el trabajo, las tareas de la casa… cuando nuestra relación con nuestro esposo está yendo bien y es candente, simplemente todo lo demás se coloca en el lugar apropiado.[6]

Charla tierna

Estás en cama hablando con tu esposo o quizá están en una cita para cenar. Tú quieres hablar de tu vida sexual, pero es algo incómodo y no sabes cómo plantearlo. ¿Podría proponer una estrategia sencilla, pero muy eficaz? En lugar de comenzar la conversación con la palabra *tú*, empieza con la palabra *yo*. ¿Qué manera de empezar parece más agradable?

> No has sido muy cariñoso conmigo.

> No he estado actuando muy afectiva contigo.

---

5. Bill y Pam Farrel, *Red-Hot Monogamy: Making Your Marriage Sizzle* (Eugene, OR: Harvest House Publishers, 2006), p. 111.

6. Entrevista con Pam Farrel.

¡Qué diferentes resultan esas pocas palabras! Cuando empiezas con lo que tu esposo debe hacer ("debes actuar más amoroso"), al instante él se pone a la defensiva. Pero si empiezas contigo ("me gustaría ser más afectiva contigo durante el día"), tu esposo estará más propenso a confesar: "Cariño, yo tampoco he sido el marido más afectuoso". Todo el tono de la conversación es ahora más tierno, no condenador ni defensivo.

Medita en versículos como estos cuando necesites un poco de ayuda en el departamento de conversaciones tiernas:

> La blanda respuesta quita la ira; mas la palabra áspera hace subir el furor (Pr. 15:1).
>
> Derribando argumentos y toda altivez que se levanta contra el conocimiento de Dios, y llevando cautivo todo pensamiento a la obediencia a Cristo (2 Co. 10:5).
>
> Ninguna palabra corrompida salga de vuestra boca, sino la que sea buena para la necesaria edificación, a fin de dar gracia a los oyentes (Ef. 4:29).
>
> Su paladar, dulcísimo, y todo él codiciable. Tal es mi amado, tal es mi amigo, oh doncellas de Jerusalén (Cnt. 5:16).

Si quieres disfrutar más intimidad con tu esposo, empieza con un pensamiento correcto y verdadero acerca de la relación sexual. Recuerda que, por lo general, la intimidad no se da por accidente. Se planifica de manera determinada y premeditada. Eso no la hace poco romántica. Por el contrario, crea espacio para el romance y la creatividad. Así que no tengas miedo de tomar en cuenta tu calendario y marcar un día para hacer el amor; tampoco olvides investigar sobre las relaciones sexuales, así como tener mucha conversación tierna.

Imagen de hoy

Piensa en un tiempo en que realmente disfrutaste hacer el amor con tu esposo. ¿Dónde estaban? ¿Qué música escuchaban, si la había? ¿Qué fue lo que hizo tan especial esa ocasión? ¿Cómo te preparaste para ese momento? ¿Fue algo espontáneo?

Oración de hoy

Señor, ayúdame a ser creativa dentro y fuera de la habitación a fin de mostrarle a mi esposo que lo amo. Mantén el lecho matrimonial sin mancilla. Ayúdanos a estar satisfechos y emocionados en cuanto a nuestra vida amorosa. Acércanos a ti y uno al otro.

Día 21

Relaciones y citas para tomar café

Pero si andamos en luz, como él está en luz,
tenemos comunión unos con otros.
1 JUAN 1:7

Algo que me hacía reír acerca de James antes de casarnos era cómo contestaba el teléfono. A veces fingía ser un negocio de pizza o simplemente gritaba con euforia: "¡Hola!". O si un vendedor llamaba para pedir dinero, James rápidamente le daba la vuelta al asunto y decía: "¿Tienes diez dólares que puedas prestarme?". Por lo general, eso terminaba de forma abrupta la conversación.

Después de casarnos y compartir el mismo número telefónico, estas payasadas se convirtieron en una molestia, especialmente cuando yo recibía una llamada de negocios. En general, James guarda sus extravagancias para los vendedores, pero en ocasiones mete la pata.

Como cuando mi tío llamó de Indonesia. Ya que era una llamada del exterior, hubo una ligera demora, lo que indicó que se trataba de un vendedor telefónico.

—¡Habla! —rugió James al receptor, como un rey que se dirige a un súbdito.

Nuestros hijos comenzaron a reír, lo que lo incitó más. Mi tío fue tomado por sorpresa y no supo qué decir.

—¿Hablas español? —preguntó entonces James con acento exagerado.

Ahora mi tío estaba creyendo que definitivamente había marcado un número equivocado.

—¡Habla! —volvió a ladrar James.

Mi esposo siguió gruñendo y bromeando en mal inglés porque a los niños les encanta todo esto.

—Oh, aquí está Arlene —dijo entonces James con el tono suavizado por completo.

Ahora yo estaba mortificada, pensando que quien llamaba era una planificadora de eventos que ya *no* iba a invitarme a ser su oradora principal.

—¿Es este el número correcto de Arlene? —logró preguntar finalmente mi pobre tío, quien por suerte es una buena persona y estaba aliviado de veras de haber marcado el número correcto.

En cuanto a mí, tenía una nueva historia para reír y una gran ilustración. En ocasiones tienes que mirar a tu esposo y proclamar: "¡Habla!".

No cierres el pico, comunícate

Cuando algo se interpone entre tu hombre y tú, no tienes que barrerlo debajo de la alfombra. Puedes tratar el asunto personalmente si es algo pequeño (¿recuerdas la pregunta del Día 18: *Importará esto mañana*?), o tal vez debas discutirlo con tu esposo. Hacer caso omiso a los problemas te hará rápidamente infeliz y, con el tiempo, te volverá amargada y enojada. En lugar de eso, cada día debes relacionarte en forma positiva e deliberada con tu esposo. Mantén abiertas esas líneas de conversación. Liz Curtis Higgs ofrece este consejo con relación a que vivas felizmente con tu esposo:

> He aquí lo más importante que he aprendido para tener un esposo feliz y ser una esposa feliz. Si algo surge entre nosotros, o si simplemente siento infelicidad en Bill acerca de algo, lo fácil es alejarme y fingir que no veo o siento aquello. Lo mejor que se puede hacer es decir sencillamente: "Cariño, ¿qué pasa?". Cuanto antes puedas ventilar cualquier cosa que esté ocurriendo entre ustedes y sacarla a la luz, tratar con ella y terminarla de una vez por todas, más feliz estarás. Creemos que las cosas desaparecerán, pero no desaparecen. Se intensifican cada vez. Así que una pequeña herida se agrega a otra pequeña herida, y para el final del día, hay una explosión de cualquier clase.
>
> Bill es afable, por lo que si realmente se siente infeliz, sé que perdí las señales hace doce horas. Cuando él es infeliz, en realidad algo está presionándole el corazón. Creo que mi trabajo es averiguar de qué se trata, ayudarle a expresar lo que le pasa, solucionar lo que yo pueda y seguir adelante. Así el aire es mucho más claro, pues esta es la manera feliz de vivir.[7]

7. Entrevista con Liz Curtis Higgs.

No te olvides de la cita

Es mucho más fácil mantener abiertas las líneas de comunicación cuando se pasa juntos tiempo de calidad. James y yo trabajamos en nuestras oficinas en casa, por eso nos vemos mucho a lo largo del día. Por consiguiente, ¿es necesario que programemos tiempo a fin de *volver* a vernos para tener una cita nocturna? En realidad, hay una gran diferencia entre ocupar el mismo espacio y salir intencionalmente con el fin de pasar juntos un tiempo. Hay algo mágico acerca de salir de tu rutina y esperar tener una buena velada. Debes ser resuelta en cuanto a crear divertidas citas con tu esposo. Pueden ser tan elegantes como en un restaurante de cinco estrellas, o tan sencillas como una cita para tomar café a la vuelta de la esquina.

La próxima vez que salgas a tomar café con tu esposo, he aquí algo que te sacará de tu rutina diaria. Intercambia bebidas con él. Puedes terminarla si te gusta o cámbiala de nuevo si necesitas tu infusión regular. Hablen de cómo es vivir desde la perspectiva de tu esposo. En lugar de "camina un kilómetro en mis zapatos", piensa "toma un sorbo de mi café". ¿Qué retos está enfrentando tu esposo? ¿Qué lo hizo reír hoy? ¿Qué está esperando para el próximo mes? Hagan de su cita para tomar café algo más significativo relacionándose entre sí de una manera fresca.

Kathi Lipp afirma que, incluso, puedes convertir tus diligencias en citas.

> Durante las épocas atareadas, las citas pueden ser realizar diligencias. Lo superromántico que estamos a punto de hacer es conseguir comida para mascotas. Antes de mis viajes, sé que esa es una de las cosas de las que Roger no tiene que preocuparse.[8]

Cindi McMenamin y su esposo Hugh hacen lo posible por tener citas nocturnas regulares, aunque a veces tienen que reorganizarlas cuando surge lo inesperado.

> Me ayuda realmente cuando tenemos ese tiempo juntos al menos una vez por semana o, en ocasiones, una vez al mes. Soy el tipo de persona que necesita saber si tendremos algún momento en que podamos disfrutar ese tiempo de relación. De lo contrario, la vida se siente abrumadora, y parecería que nunca vamos a relacionarnos. Ese tiempo de relación es como

8. Entrevista con Kathi Lipp.

> el mantenimiento diario del auto. Es necesario revisarlo todo para no sufrir averías.
>
> Tener tradiciones ayuda. A Hugh le encanta comerse un helado después de comer. ¿Sabes cómo me veré si como helado después de cada comida? Pero esto es lo que hace feliz a mi esposo, y voy a intentarlo. Además, solo tengo que hacer más esfuerzo en mi clase de ejercicio.[9]

¿Te hace tu esposo reír todavía? Me gusta esta corta conversación entre dos amigas:

> —La esposa de Bill siempre se ríe de los chistes de él.
> —Deben ser chistes muy buenos.
> —No, ella es la buena.[10]

No permitas que los chistes de tu esposo ni las citas nocturnas se vuelvan insulsas. Sé una esposa sabia y feliz, resuelta en cuanto a salidas y a programar conexiones diarias. De ser necesario, siempre puedes tratar la táctica de James, de gritar a pleno pulmón: "¡Habla!", si estás teniendo dificultades para mantener la conversación.

Imagen de hoy

Eres una mosca en la pared, viéndote a ti y a tu esposo durante una salida cuando estaban comprometidos. ¿Ves cómo te ríes de sus chistes, cómo se toman las manos y la manera en que se abrazan a menudo? Eres afectiva, juguetona y se te ve feliz.

Oración de hoy

Señor, gracias porque mi esposo no es tan solo mi socio en el matrimonio, él es mi mejor amigo y mi compañero más cercano. Ayúdame a ser hoy una compañía divertida y afectuosa para él. Devuélvenos a nuestro primer amor, cuando ansiábamos estar juntos y disfrutábamos simplemente estar en la compañía del otro. Ayúdanos a relacionarnos en una manera significativa cada día en nuestro matrimonio. Líbranos del mal y permite que tu voluntad se haga en nosotros. Somos tuyos por siempre.

---

9. Entrevista con Cindi McMenamin.
10. Jones, *Humor Is Tremendous*, p. 37.

Día 22

Muerte por negligencia

Ve a la hormiga..., mira sus caminos, y sé sabio.
Proverbios 6:6

James tiene algunos grandes compañeros de colegio que ahora viven en todo Estados Unidos. Cada cierto tiempo, James y los muchachos se reúnen para confraternizar un fin de semana. Han visto un partido de béisbol en Wringley Field, han esquiado en Canadá y han divisado ballenas en las islas San Juan. En realidad, me encanta cuando James sale con los muchachos durante algunos días, porque cuando regresa, está lleno del modo "te amo, esposa mía". Me ha extrañado. Se siente nostálgico con sus amigos y puede ver cuán lejos hemos llegado como pareja. Está listo para besarme, abrazarme y hablarme tiernamente. Soy una esposa feliz, ¡disfrutando de toda la atención!

Hay ocasiones en el matrimonio en que el aprecio está en plena floración. Quizá tu esposo regresa de un prolongado viaje de negocios, y tú realmente lo has extrañado. O has pasado tiempo con una amiga que está divorciándose y comprendes cuán bendecida eres. Sin embargo, la realidad opuesta también es cierta. Pasas días, tal vez meses, en que das por sentado a tu esposo (y viceversa). Si no estás alimentando a propósito el fuego de tu relación, podrías experimentar una muerte lenta por negligencia, sin darte cuenta.

El camino de la hormiga

Quizá a veces hayas sentido como si tu matrimonio fuera una carga pesada y tan solo trabajo duro. Respira profundo y relájate. Hoy lo único que tienes que hacer es considerar los hábitos de una diminuta hormiga. Las hormigas mencionadas en Proverbios probablemente sean las llamadas segadoras, que viven en nidos subterráneos. Son más activas durante el verano, cuando recolectan grandes cantidades de grano en los campos, las eras y los graneros. Las hormigas no hibernan. En el invierno copulan, ponen sus huevos y cuidan de sus crías con provisiones ahorradas durante el verano.

Quizá puedas identificarte con estas pequeñas hormigas, porque te has sentido como si estuvieras viviendo bajo tierra, invisible para el mundo exterior e incluso para tu esposo. Además, no hay temporadas de "marcar tarjeta de salida" como esposa ni algo como hibernación. He aquí cómo el libro de Proverbios elogia a la hormiga:

> Ve a la hormiga, oh perezoso, mira sus caminos, y sé sabio; la cual no teniendo capitán, ni gobernador, ni señor, prepara en el verano su comida, y recoge en el tiempo de la siega su mantenimiento (6:6-8).
>
> Las hormigas, pueblo no fuerte... en el verano preparan su comida (30:25).

A estos diminutos insectos se los aplaude debido a su planificación y naturaleza trabajadora. Podrán ser pequeños en fuerza, pero son sumamente sabios en prepararse para el futuro. Durante temporadas de abundancia, almacenan. Cuando los suministros de comida escasean, las hormigas están bien surtidas con todo lo que necesitan, porque planificaron para los tiempos de escasez.

Como esposa sabia y feliz, debes hacer lo mismo. Planificas para los tiempos de abundancia y los tiempos de necesidad en tu matrimonio. Te esfuerzas por reunir cosas que alimenten tu relación, de modo que no te agarre desprevenida la llegada del invierno. Guardas recuerdos felices, abrazos, besos y palabras amables que se han compartido. No eres perezosa en cuanto a tu matrimonio. Por el contrario, eres trabajadora porque sabes que el alimento para tu relación no aparecerá automáticamente en tu puerta. Si eres negligente en los buenos tiempos, no tendrás nada para sacar cuando vengan los tiempos difíciles.

Sharon Jaynes lo expresa así:

> Si sabes que se acerca un huracán, te preparas para esa contingencia. Almacenas agua y comida. Te aseguras de estar lista para una tormenta. Pues bien, nunca sabes cuándo un huracán va a golpear tu matrimonio, así que tienes que prepararte antes de que golpee. Es muy importante leer libros, crecer juntos de modo espiritual y tener la disposición de leer juntos la Palabra

de Dios. Pon en práctica los principios y asegúrate de que antes del huracán, los dos estén creciendo juntos en el Señor.[11]

Lavado de platos

Hay días en que enfrentas un huracán. Otros días simplemente tratas de sobrellevar la rutina. Todos los días hay que hacer pequeñas tareas, por rutinarias que sean. Cosas como cepillarse los dientes, sacar a pasear al perro y revisar el correo vienen a la mente. ¿Y qué de esos fastidiosos platos? Resulta que las tareas en el hogar se convierten cada vez más en un foco de problemas para las parejas casadas. Según una encuesta de Pew Research Center, "compartir las tareas del hogar" ocupa ahora el tercer lugar en una lista de elementos que conforman un matrimonio exitoso (detrás de la fidelidad y de una relación sexual feliz). En la encuesta, el 62% de los adultos afirmaron que compartir las tareas del hogar es muy importante en un matrimonio feliz.[12]

Las tareas en el hogar incluyen actividades como preparación de alimentos, limpieza, arreglo de jardín, cuidado de niños, organización y pago de cuentas. ¡Uf, y no quisiera inyectar tensión con la lectura de hoy! ¿Cómo se dividen tu esposo y tú la labor en el hogar? A pesar de que esta puede ser una conversación tensa, no debe dejarse de lado ni descuidarse. Si uno de los cónyuges cree que tiene una parte injusta del trabajo, eso abre la puerta al resentimiento.

Si a propósito enfrentas tus responsabilidades del hogar, asignando tareas a la persona más adecuada y tratando los asuntos de cada día como si fueran un equipo deportivo, hallarás gozo aun en esos platos sucios. James ha automatizado la mayor parte de nuestro pago de cuentas. Yo preparo (bueno, principalmente ensamblo) la cena en días típicos. James y yo lavamos los platos. Yo hago las compras para los niños, y él compra cualquier cosa que tenga enchufe o batería.

Presta atención a las cosas pequeñas

Peggy Noonan era redactora de discursos para Ronald Reagan. Cuando la gente le preguntaba cómo era el presidente Reagan, ella solía contar "la historia del baño":

> Pocos días después de recibir el disparo, cuando pudo levantarse de la cama, no estaba sintiéndose bien una noche y fue al

11. Entrevista con Sharon Jaynes.

12. "Modern Marriage", *Pew Research Center,* 18 de julio 2007, en línea, www.pewsocialtrends.org/2007/07/18/modern-marriage/ (consultado el 28 abril, 2013).

> baño conectado a su habitación. Mientras se lanzaba agua en el rostro, un poco salpicó fuera del lavabo. Él tomó algunas toallas de papel y se agachó en el suelo para secarlo. Entonces un asesor entró y declaró: "Señor Presidente, ¿qué está haciendo? Tenemos gente para eso". Y Reagan dijo que únicamente estaba limpiando el desastre que había hecho, y que no quería que una enfermera tuviera que hacerlo.[13]

El presidente Reagan no solo actuó con gran carácter en momentos de crisis o guerra, sino que actuó con carácter en tareas pequeñas, incluso agacharse para limpiar agua que había derramado en un baño de hospital.

Podemos actuar de este modo, sin descuidar nuestras responsabilidades como esposas, por rutinarias o insignificantes que puedan parecer. No esperes hasta que tu esposo salga de la ciudad para apreciar su presencia en tu vida y prodigarle amor. No permitas que las tareas del hogar te depriman o desanimen. ¿Recuerdas la diligencia de la hormiga?

Imagen de hoy

Imagina una fotografía enmarcada de tu novio y tú el día de la boda. Ha pasado un tiempo desde la última vez que la agarraste, así que la foto está cubierta de una gruesa capa de polvo. Tomas un trapo y la dejas reluciente. ¡Ya está! Eso es mejor. ¿Qué pequeña acción puedes hacer hoy para "desempolvar" tu matrimonio?

Oración de hoy

Señor, sé que te importa cómo me ocupo de los asuntos pequeños y grandes de mi vida. Ayúdame a aprender de la hormiga a ser diligente y esforzada. Quiero ser laboriosa en mi matrimonio. Por favor, perdóname por ser descuidada con mi esposo e incluso conmigo misma. Cuando vengan las tormentas a mi hogar, quiero estar lista. Transfórmame en una esposa atenta que se preocupa por edificar un matrimonio que resista la prueba del tiempo.

---

13. Peggy Noonan, *When Character Was King: A Story of Ronald Reagan* (Nueva York: Penguin Group, 2001), p. 187.

Día 23

Estoy aburrida

Considera los caminos de su casa, y no come el pan de balde.
PROVERBIOS 31:27

Mi hijo Ethan vino de la escuela a casa con la cara larga y arrastrando los talones. Por lo general, él no es así.

—¿Cómo estuvo la escuela? —le pregunté.

—Bien —contestó con voz monótona—. Pero no aprendí nada nuevo. Estuvo aburrida, aburrida, aburrida.

A la hora de acostarnos, hablamos más acerca de su día aburrido.

—He hecho todo lo que me gusta en el recreo. No hay nada nuevo que probar. Solo caminé por ahí. Jugué un poco a las quemadas. Hablé con algunos amigos. Eso fue todo. Estuvo muy aburrido.

En mi interior estaba riendo y pensando: *Si mi hijo piensa que el recreo, las quemadas y hablar con amigos es aburrido, que espere a tener conferencias universitarias, pagar cuentas ¡y trabajar en su primer empleo*! Le dije que los adultos también se sentían aburridos, y que el aburrimiento solo era parte de la vida. No todos los días es Disneylandia, ideas nuevas y comidas apetitosas.

—Si estás aburrido, depende de ti encontrar algo interesante que hacer —añadí también en modo maternal.

Al igual que Ethan, como esposas podemos declarar: "Estoy aburrida". Tal vez gemimos, nos quejamos y protestamos por la aburrida rutina de la vida matrimonial, haciendo lo mismo todos los días sin que, al parecer, vayamos a alguna parte. Corremos en círculos con el mismo hombre, comemos en los mismos restaurantes y discutimos por los mismos problemas. Estamos atrapadas, no en un matrimonio malo, sino en el aburrimiento.

Es tan fácil como E, F, C

¿Sabes el dicho: "Es tan fácil como A, B, C"? Bueno, una esposa aburrida puede meterse en problemas tan fácil como E, F, C.

Escape: Si no estás satisfecha con tu vida cotidiana, ¿por qué no escapar? Algunas mujeres escapan yéndose de compras. Puedes comprar en una tienda o simplemente ordenar cosas en línea, en la comodidad de tu hogar. Con un clic del ratón, tu vida aburrida puede ser transformada por un nuevo bolso, un par de zapatos o una chaqueta. O puedes escapar a la cocina y preparar galletas, helado, papas fritas o un pastel. ¡Demasiado apio perjudicial no proporciona este mismo escape!

Fantasía: ¿Te has dado cuenta de que las novelas románticas eróticas para mujeres se están volviendo más populares? Los hombres no son los únicos interesados en fantasear en la alcoba. Si una esposa aburrida decide estimular las cosas con un poco de pornografía suave, esa vida fantasiosa puede llevarla a algunos problemas en la vida real con su esposo. Pero la única persona con quien debes querer fantasear es con tu hombre.

Chisme: Si no tienes una vida emocionante, ¿por qué no inventar una y hablar de ella? ¿O por qué no escuchar los relatos excitantes de la vida de una amiga? Según dijo alguien años atrás en una revista, "No son las personas que te dicen todo lo que saben las que causan la mayor parte de los problemas en este mundo, sino las que hablan de más".[14]

Menos mal que existe un modo de evitar las trampas de escapar hacia los hábitos malos, fantasear con alguien que no es nuestro esposo y chismear. Cuando eres una esposa con propósito, objetivos y sueños en tu matrimonio, estás demasiado ocupada y enfocada como para desviarte por mucho tiempo.

El aburrimiento es una decisión

Pam Farrel, quien definitivamente no es una esposa aburrida, afirma que el aburrimiento es una decisión:

> Podemos optar por dejar que Dios nos convierta en mujeres maravillosas a pesar de las personas que nos rodean y de sus decisiones. Esa es la mejor manera de no aburrirnos. Digamos que quiero ser la mejor persona que puedo llegar a ser. Dios no dice: "Voy a dejar que seas una mejor persona solo si tu esposo coopera", o: "Voy a permitir que seas una mejor persona solo si tu esposo consigue mucho dinero". No, Él actuará en las circunstancias y a través de las circunstancias para ayudarnos a sacar lo mejor de nosotras.

14. P. L. Tan, *Encyclopedia of 7700 Illustrations: Signs of the Times* (Garland, TX: Bible Communications, Inc., 1996).

> Animo a las mujeres a buscar notas adhesivas personales de Dios acerca de la bondad. Mi amiga las llama besos del cielo. Si buscamos tales cosas, comenzaremos a ver nuestra vida de modo distinto, más desde la perspectiva de Dios. Podría ser un mensaje en Facebook, un versículo durante tiempos de tranquilidad o una nota de una amiga. Esas son pequeñas cosas que suman en gran manera.[15]

Espera que Dios te hable y busca a tu alrededor formas de unirte a la obra del Señor. La esposa virtuosa descrita en Proverbios 31 odia estar sentada sin hacer nada. No come el pan de balde. Sabe que cuando está aburrida y carente de dirección, es fácil perder tiempo en frivolidades que pueden destruir el hogar. Ella tiene cuidado de ocupar su tiempo sirviendo tanto a su familia como a la comunidad.

Carol Kent y su esposo Gene buscan personas en su círculo de amigos que necesiten más ayuda que ellos. Carol declara:

> Estamos muy decididos a realizar una acción tangible de bondad por esas personas, porque esa es una manera en que podemos tocar sus vidas, con solo una chispa de gozo y ánimo en medio de las dificultades que enfrentan. Podría tratarse de llevar comestibles a una madre soltera o de acercarnos a personas que tienen seres queridos encarcelados.[16]

Cuando fijes tu mirada en servir a otros, nunca estarás aburrida ni sola. Billy Graham lo dijo muy bien: "Se aburren solo quienes desean que les hagan todo".[17]

Permanece interesante

Lo que Marjorie Blanchard afirma acerca de combatir la monotonía en el matrimonio es sumamente sabio:

> Creo que tanto hombres como mujeres deben permanecer interesantes para ellos mismos. Deben ir tras sus propios intereses

15. Entrevista con Pam Farrel.
16. Entrevista con Carol Kent.
17. *oChristian.com*, "Christian Quotes", en línea, http://christian-quotes.ochristian.com/christian-quotes_ochristian.cgi?query=bored&action=Search&x=0&y=0 (consultado el 29 de abril, 2013).

> y también buscar cuidadosamente algo que puedan participar a sus cónyuges. Creo que a los hombres les encanta tener un compañero; por tanto, puedes encontrar algunas cosas que a ustedes dos les guste hacer; pienso que eso es muy importante en un matrimonio. Lo otro que es muy importante para los hombres y las mujeres es desarrollar sus propios intereses. Y pregúntate: *¿Qué hay de nuevo en mi currículo en los últimos tres años?*[18]

Si has estado sintiéndote aburrida en tu matrimonio, ¿qué cosas *podrías* hacer para cambiar eso? Recuerda que no debes esperar que tu esposo te arregle las cosas. Ambos pueden ser activos si:

- Planifican tener una cita en un restaurante nuevo.
- Tratan juntos una actividad nueva, como hacer piragüismo, danzar, practicar fotografía o caminar.
- Pasan tiempo haciendo algo que les guste realmente.
- Encuentran un sitio donde ambos sean voluntarios en algo que disfruten.
- Tienen una cena en casa a la luz de la velas.
- Escriben diez cosas por las que están agradecidos en su matrimonio.
- Llena el espacio en blanco: ________________

Ahora estás motivada a quitar de tu vocabulario las palabras "estoy aburrida". Los recuerdos más agradables simplemente no suceden; deben organizarse por adelantado. De la misma manera que planificas una fiesta sorpresa de cumpleaños para un miembro de la familia o una amiga, debes hacer planificación para formar recuerdos felices con tu esposo.

No revises tu matrimonio de modo emocional, físico o espiritual cuando estés aburrida. Ten en cuenta que todo el mundo experimenta decaimientos. Quienes tienen matrimonios exitosos aprenden a tener a raya el aburrimiento creciendo constantemente. Pon atención en cómo mantener interesante y divertido tu matrimonio. Evita pronunciar las palabras "estoy aburrida", y en su lugar di: "Creo que deberíamos intentar…".

18. Entrevista con Marjorie Blanchard.

Imagen de hoy

Enumera tres actividades que tu esposo y tú no realizan actualmente y que disfrutarían hacer juntos:

1.

2.

3.

Oración de hoy

Señor, en Proverbios 4:23 tu Palabra dice que por sobre todo guarde mi corazón, porque de él mana la vida. Mantén mi corazón puro de cosas destructivas, como chismes y fantasías impías. Ayúdame a cambiar mi aburrimiento en acciones positivas que me hagan crecer en espíritu, mente y corazón. Dame fortaleza para correr la carrera de mi vida con paciencia y poniendo la mirada en el premio.

Día 24

Detrás de estas paredes

Camina en su integridad el justo; sus hijos son dichosos después de él.
Proverbios 20:7

Crecí con una mamá feliz. Ella ríe con facilidad y sonríe de oreja a oreja a todos los conocidos, e incluso salta de arriba abajo si no te ha visto por un tiempo. Mis amigas de la escuela me preguntaban: "¿Tu mamá es siempre tan feliz?". Ella y mi padre fueron un gran ejemplo de *vivieron felices para siempre*, mientras yo crecía.

Sin embargo, ¿y si nunca tuviste un modelo de cómo debería actuar una esposa feliz? Tal vez tus padres se divorciaron cuando eras pequeña o se peleaban mucho. Sharon Jaynes sabe cómo es eso. Ella creció en un hermoso barrio lleno de pinos elevados. A primera vista, parecería que vivió en una familia estadounidense normal y feliz. Su padre era un próspero hombre de negocios que viajaba gran parte del tiempo. Lo lamentable es que su éxito en los negocios no se trasladaba a su vida hogareña. Bebía mucho, aterrorizaba a su familia y golpeaba a su esposa.

Cambio en el árbol genealógico

Sharon se volvió cristiana cuando era adolescente, y seis años después sus padres conocieron a Jesús y sus vidas cambiaron radicalmente, para siempre. Pero fue demasiado tarde para que la joven experimentara una segunda oportunidad como niña en un hogar más saludable. Por lo que cuando se casó, a los veintitantos, necesitó guía.

> No tenía un modelo en mi madre para saber cómo ser una esposa feliz. Pero tuve otras personas a quienes mirar, incluso la mujer que me llevó al Señor. Cuando me llevó a su casa, a lo que me transportó fue a su gozo. Yo la veía caminar por su

> casa entonando cánticos de alabanza mientras limpiaba. Ella y su esposo se llamaban entre sí por apodos. Se amaban mucho, y eso realmente fue lo que me llevó a su casa. Y me hizo querer conocer acerca de Jesús.

Sharon y su esposo observaban familias cristianas a su alrededor e imitaban lo que veían. Pasaban tiempo en la Palabra de Dios y con otras parejas cristianas.

> Decidí que cuando me casara, haría todo lo posible por tener un buen matrimonio y ser una esposa feliz. Pero rápidamente aprendí que no tenía el poder para hacer eso. Sabía que la única manera de ser una esposa feliz y de tener un buen matrimonio feliz era que este estuviera centrado en Jesucristo. Y eso es lo que hicimos desde el principio. Dios me enseñó por medio de su Palabra. Nos aseguramos de tener relaciones con parejas cristianas maduras y aprendimos de ellas. Si teníamos una inquietud o un problema, acudíamos a ellas. Nos aseguramos de que en nuestro matrimonio nada se asentara ni estallara.

Después de haber estado casada por algunos años, Sharon tuvo su primer hijo. Uno de sus objetivos fue mostrarle a su hijo Steven cómo era un buen matrimonio. Sharon pudo darle a su hijo un regalo valioso que ella no tuvo mientras crecía.

> Me hice el propósito de tener un hogar feliz. La gente cree que esto sucederá de manera automática. ¡Por lo general, tienen una llamada de atención cuando se dan cuenta de que lo automático no funciona! Por tanto, tuvimos que planificar lo que hacíamos. Así fue en nuestro matrimonio y también en nuestra paternidad.
>
> Hemos estado casados más de treinta años, y seguimos aprendiendo y creciendo. Dios utiliza el matrimonio tal vez más que cualquier otra relación en la tierra con el fin de refinarnos, cambiarnos, madurarnos y hacernos crecer para que seamos los hombres y las mujeres que quiere que seamos.[19]

---

19. Entrevista con Sharon Jaynes.

Confección de nuevas reglas

Toma un momento para responder esta pregunta básica y a menudo pasada por alto: ¿Qué deseas en *tu* matrimonio? Marjorie Blanchard ofrece esta perspectiva para ayudarte a procesar esa pregunta:

> Se necesita cierta cantidad de introspección para entender lo que quieres. Creo que es mucho más fácil para las personas decirte lo que *no* quieren, que decirte lo que *sí* quieren. Si puedes averiguar lo que deseas y hablar con tu cónyuge al respecto, estás en el camino. Muy a menudo, las personas simplemente reaccionan a lo que no les gusta, pero no llegan a esa próxima etapa, la cual es: "¿Qué valoro? ¿Qué quiero? ¿Cuál es la norma que deseo para mí?"[20]

Años atrás, cuando Marjorie estaba trabajando duro en su doctorado y Ken se ocupaba promoviendo sus libros de liderazgo, Marjorie se dio cuenta de que debían establecer algunas reglas nuevas. Ella descubrió que lo único que le molestaba de veras era que Ken se fuera lejos la mayoría de fines de semana y la dejaba sola con sus dos hijos, que tenían nueve y once años de edad. Entonces hicieron una nueva regla para estar juntos la mayoría de fines de semana, que les ayudó a pasar el tiempo ocupado y de tensión que los pudo haber separado.

En los últimos cinco años, la nueva regla ha sido tener un tiempo diario de diez a quince minutos para orar y leer juntos. A Ken le gusta leerle a Marjorie en voz alta un devocional diario, y esto les da un tiempo especial para relacionarse espiritualmente cada día.

¿Cuáles son las nuevas reglas que te gustaría ver en tu matrimonio? Empieza con un poco de introspección. *¿Qué quieres en tu matrimonio?* Cuando obtienes esa respuesta, puedes trabajar junto con tu esposo en la construcción de ese hogar feliz. La influencia de tu gozo y tu satisfacción resonarán más allá de las cuatro paredes.

Imagen de hoy

Piensa en tu hogar como un núcleo donde muchas personas vienen a nutrirse. Es principalmente un lugar de refresco para tu esposo y para ti. Si tienes hijos, estos llegan a tu hogar para encontrar un lugar de

20. Entrevista con Marjorie Blanchard.

seguridad. Tus amistades llegan para experimentar un lugar de paz y alegría. Tu hogar es una luz en tu vecindario, y tu matrimonio sirve como un ejemplo brillante del amor de Dios.

Oración de hoy

Señor, tú eres la luz del mundo. Brilla tu luz en mi matrimonio y muéstrame en qué debo concentrarme en este momento. A pesar de mi pasado, te entrego mi futuro y dedico mi hogar para tu gloria. No me detendrán las equivocaciones y los arrepentimientos de mi pasado. Buscaré en ti nuevo propósito y nuevas fuerzas. Que otros vean mi matrimonio y te vean obrando en nosotros y por medio de nosotros.

Día 25

Las oraciones más valiosas

La oración ferviente de una [esposa justa] puede mucho.
SANTIAGO 5:16 (NTV)

Es probable que hayas orado estas palabras antes: *Querido Dios, bendice a mi esposo.* Ciertamente, he declarado estas palabras año tras año al acostarme o siempre que James me viene a la mente. Aunque esto es bueno, me pregunto si hay una manera más determinada y poderosa de orar por mi esposo. La oración puede ser intimidante para muchas de nosotras. ¿Y si no decimos las palabras correctas? ¿Obra realmente Dios por medio de nuestras oraciones? ¿Cuándo se supone que es el tiempo correcto para orar?

La oración puede parecer una actividad sagrada y secreta, reservada para intercesores especialmente dotados o para abuelas con todo el tiempo del mundo a su disposición. Pero ese es un concepto terriblemente erróneo. Una vida de oración significativa está disponible para todo grupo de edad y toda esposa, por tanto te incluye a ti.

El lado positivo de la desesperación

Cuando estás atareada (¿y quién no lo está?), debes ser determinada en cuanto a la oración, o esta simplemente no ocurre. Kathi Lipp tiene unas palabras de ánimo sobre cómo empezar:

> Tengo que hacer la versión de jardín de infantes en la oración. Necesito darme recordatorios, por lo que pongo notas adhesivas a mi alrededor. Cuando Roger está en crisis, es fácil saber específicamente cómo orar por él. Pero cuando no está en crisis, debo ser diligente y expresar: *Sabes cuándo él necesita mis oraciones, sea que yo crea que las necesita o no.* Roger es una persona diferente cuando oro por él. Camina con más confianza. Es más audaz en el trabajo cuando debe serlo. Es más

> paciente. No es una coincidencia. A menudo suele decirme: "Sé que estás orando por mí. Sé que estás respaldándome". Esto me hace sentir que puedo ser la esposa de apoyo que realmente deseo ser.[21]

Tengo la sensación de que quieres ser esa esposa que apoya en oración, que hace que tu esposo sea más erguido y viva con más audacia. Cuando entrevisté a John Fuller con relación a *31 Days to a Happy Husband* [31 días para ser un esposo feliz], él habló de la fortaleza que recibió al saber que su esposa Dena estaba orando por él. John y Dena tienen seis hijos, y el hijo menor tiene autismo. Le pregunté a Dena cómo encuentra tiempo para orar en medio de una agitada programación familiar. ¡Me contestó que la respuesta rápida era "desesperación!".

Cuando atraviesas tiempos difíciles, te das cuenta rápidamente de que no puedes hacer todo por ti misma. Dena ve a lo largo de las Escrituras que el sufrimiento es parte de la vida. Hay algo inherente en los problemas y las crisis que nos hace poner de rodillas. Dena manifiesta:

> A veces me pregunto qué tipo de cristiana sería si la dificultad y los sufrimientos no vinieran a mi casa. Por naturaleza, como seres humanos, volamos cuando todo sale bien. Ojalá no fuera así. Creo que el sufrimiento de cualquier clase nos ayuda a ser más fervientes en oración. Muchas de mis oraciones solo son lágrimas delante de Dios. Le he rogado a Dios, he negociado con Dios, le he suplicado a Dios, lo que sea. No creo que haya una manera correcta de orar y que deba tener todas las palabras correctas. Derramar mi corazón delante de Dios es una forma de oración. A menudo le pido a Dios que me muestre cómo orar: *¿Podrías darme más claridad, Señor, para que pueda orar alineada contigo y no solo pedir lo que quiero?*

A Dena le gusta leer libros sobre oración que le ayuden a crecer en este aspecto esencial como esposa. Sus oraciones por John le han ayudado a tener una actitud más compasiva y cálida hacia él.

> Cuando empiezas a orar por alguien, comienzas a ver las luchas que esta persona atraviesa y lo difícil que debe ser. Entonces te sientes de repente más compasiva en lugar de ver lo que deseas

21. Entrevista con Kathi Lipp.

> que cambie: *Quisiera que él no viajara tanto* o *Me gustaría que él pudiera llegar más temprano a casa.* Empiezas a ver las cosas desde el punto de vista de tu esposo.
>
> John viajó ayer y estaba agotado. Este no fue un viaje agradable para él. Creo que orar por John me ayuda a preguntarle a Dios: *¿Qué quieres que ore por él?* Veo algunos aspectos donde creo que él realmente necesita a Dios, pero yo podría estar dejando pasar una oportunidad. Él podría tener algo más, totalmente distinto, por lo que necesita oración.

Hace años, cuando a John le ofrecieron el cargo de copresentador para el programa nacional de radio *Enfoque a la familia,* Dena sintió temor. Al ser una persona más reservada, había imaginado una vida más anónima de servicio para su familia.

> Tuvimos muchas conversaciones, caminatas y oraciones. En esa temporada en que oramos juntos por la decisión, Dios me dio una seguridad de que esto no se trataba de John ni de mí. Se trataba de propósitos de Dios. El Señor dijo: *Tienes que poner esto en mis manos. Esa no es una vida de fe para retirarse con miedo.* Ese fue un momento en que orar por la decisión nos unió realmente a John y a mí uno con el otro y con Dios.[22]

La voz confiada de John se ha escuchado por radio en todo el mundo debido a lo que fue confirmado en el corazón de Dena por medio de la oración. Cuando no sabes qué hacer en la encrucijada del camino, ora. Y no olvides que cuando todo está en calma y brillante, ese también es el momento ideal para orar.

Talento no, tenacidad

No conozco mucho de deportes, pero sé que JMV significa jugador más valioso. Los JMV tienen talento natural, son motivados, pacientes, disciplinados y tenaces. ¿Puedo darte un nuevo título para que lo uses con orgullo? Eres la OMV, oradora más valiosa, en tu matrimonio (tu esposo también es el orador más valioso, pero este es un libro para nosotras, las esposas). Si quieres llevar al equipo familiar a la victoria, deberás conseguir los mayores logros por medio de la oración.

---

22. Entrevista con Dena Fuller.

Stormie Omartian, autora de *El poder de la esposa que ora*, afirma que hay mucho en juego si *no* oramos.

> ¿Puedes imaginarte orando por el lado derecho de tu cuerpo y no por el izquierdo? Si el lado derecho no está sustentado y protegido, y falla, derribará con él al lado izquierdo. Lo mismo se aplica a ti y tu esposo. Si oras por ti y no por él, nunca hallarás las bendiciones y la satisfacción que deseas. Lo que le sucede a él te ocurre a ti y no puedes evitarlo.[23]

La esposa feliz ora por su esposo y vive confiada en que Dios tiene todo bajo control. No necesitas talento para orar. Simplemente necesitas tenacidad. No renuncies. Usa la Palabra de Dios y clama igual que el salmista:

> Alzaré mis ojos a los montes; ¿de dónde vendrá mi socorro? Mi socorro viene de Jehová, que hizo los cielos y la tierra (Sal. 121:1-2).

Levanta a menudo la línea de ayuda, porque Dios siempre está esperando tu llamada.

Imagen de hoy

Imagínate recibiendo un trofeo. La audiencia te aplaude fuerte. Tu esposo está sentado en primera fila, ovacionando como un loco. El grabado en la placa dorada dice OMV: Oradora más valiosa. Esta se convierte en una de tus posesiones más valiosas.

Oración de hoy

Señor, no quiero confiar en las personas o la tecnología para arreglar mis problemas. Quiero correr hacia ti. Al igual que los discípulos, clamo: "Señor, enséñame a orar". Deseo ser una guerrera de oración por mi esposo, buscando tu protección, tu favor y tu bendición en su vida. No quiero orar cuando necesite algo. Anhelo alabarte a diario y orar continuamente con acción de gracias y fe. Ayuda a mi incredulidad. Que mis oraciones estén alineadas con tu voluntad. Hazlas poderosas y eficaces en el nombre de Jesús, amén.

---

23. Stormie Omartian, *The Power of a Praying Wife*, (Eugene, OR: Harvest House Publishers, 1997), p. 18. Publicado en español por Editorial Unilit con el título *El poder de la esposa que ora*.

Enfoque 5

Ten **F**e

Sé adaptabl**E**

Ac**L**ara tus pensamientos

Planif**I**ca

FlexibilíZate

Día 26

¿Quién está en control?

Y desearás controlar a tu marido, pero él gobernará sobre ti.
GÉNESIS 3:16 (NTV)

Hace unos años, mi familia estaba de vacaciones en Kona, la gran isla de Hawái. Parece idílico, ¿verdad? Sin embargo, al tercer día de vacaciones, el volcán activo de la isla no era lo único que estaba listo para estallar. Durante los dos primeros días, habíamos realizado muchas actividades que James disfruta. Con él en mente, yo había planeado excursiones por el camino trillado (traducción: no había baños en kilómetros), y había preparado comidas campestres y un montón de bocadillos para los chicos. He aquí una página de mi diario de vacaciones mientras me consumía en mis pensamientos:

> ¿Por qué no me preguntó él qué quiero hacer *yo*? No me importaría ir a la piscina por dos horas y luego caminar por las tiendas turísticas en Kailua-Kona. ¿Por qué siempre planifico las vacaciones con *él* en mente? ¿Por qué no me preguntó qué quiero hacer? ¡Lo que realmente deseo es tener acceso regular a un baño!

No quería estar enojada con James durante nuestras vacaciones. Traté de ver las cosas desde su perspectiva. Él no estaba tratando de ser malo, y en realidad no había hecho nada malo. Solo quería pasar un buen rato en sus vacaciones, ¿y qué hay de malo en eso? Los chicos y yo disfrutamos la excursión; me gustan las cosas turísticas más que a James.

Decidí pedirle a Dios que me mostrara qué hacer. Yo respetaría los deseos de mi esposo en planificar el itinerario, y esperaría que él mostrara amor preguntándome qué preferiría hacer yo. Pedí al Señor que obrara en las próximas veinticuatro horas, y luego pensé que si nada sucedía, se lo iba a mencionar a James.

Compartíamos con mis padres un apartamento amoblado, y en la siguiente comida mi mamá fue la portavoz elegida. Le dio al pobre James una miniconferencia acerca de cómo deberíamos estar más seguros con los niños, y que debería preguntarme lo que yo quería hacer. Yo no le había dicho ni una palabra a ella acerca de esto. Mamá le habló tanto que yo no sentí la necesidad de añadir algo más. Dios había respondido mi oración en la primera oportunidad, y horas después, James me preguntó si quería que nos detuviéramos a tomar un café en la granja. Él ni siquiera toma café. Allí estuvimos relajados y felices, con cafeína y cerca de un baño. ¡Ahora esto se parecía más a unas vacaciones!

Aprendí algo valioso en esa gran isla. Descubrí que no tengo que tomar las cosas en mis propias manos e insistir en mis derechos. Cuando no estoy feliz con una decisión, no debo preparar mi caso con la fuerza de un fiscal de distrito. Lo más eficaz es orar y, antes de hablar, pedirle a Dios que sea mi abogado. En la vida cotidiana, e incluso en vacaciones, tenemos que trabajar junto a nuestro esposo, transigiendo y haciendo la danza de dar y tomar. El peligro viene cuando insistimos en tomar el control.

Situación sin salida en el matrimonio

El principio más difícil de digerir en este libro podría ser la idea de ceder ante tu esposo. Tal vez por eso sea la última frase que cubrí:

Ten **F**e
Sé adaptabl**E**
Ac**L**ara tus pensamientos
Plan**I**fica
Flexibilí**Z**ate

Hoy día hay muchos malentendidos en cuanto a sumisión, control y liderazgo dentro de un matrimonio. El esposo que es demasiado autoritario y emocionalmente maltratador puede manipular a su esposa hasta destruirla, todo en nombre del liderazgo masculino. Espero que no caigas en esta categoría y que tu esposo no te tenga dominada. Espero que tengas voz en tu matrimonio. Si estás casada con un hombre bueno y decente, ser flexible a su liderazgo en el hogar es una decisión sabia. Si no estás muy cómoda con eso, habla con Eva.

Después que Adán y Eva pecaron en el huerto, Dios le describió a la mujer una de las consecuencias de desobedecer:

> Haré más agudo el dolor de tu embarazo, y con dolor darás a luz. Y desearás controlar a tu marido, pero él gobernará sobre ti (Gn. 3:16, NTV).

Pon atención a esta útil explicación de este versículo hecha por Karen Ehman, autora de *Let. It. Go.* [Déjalo ir]:

> En el hebreo original, la frase traducida "desearás controlar a tu marido" en realidad significa que el deseo de una mujer sería por la *posición* del esposo. Es decir, él sería quien lleve los pantalones en la familia, pero ella querría contonear dentro de ellos su pequeño y dulce ego, en lugar de dejar que sea él quien sostenga una hoja de higuera... Como mujer desearás ser la jefa, pero a tu esposo ya se le ha asignado esa descripción de trabajo. Desastre.[1]

No es necesario que escudriñes mucho en la cultura popular, o incluso en las paredes de tu propia casa, para ver este tira y afloja jugado entre esposo y esposa. Estas citas son chistosas porque todas hemos estado allí en algún momento:

- "Mi esposa y yo tenemos un acuerdo: yo no trato de controlarle la vida ni trato de controlar la mía".
- "Transigencia en el matrimonio es un acuerdo amable entre esposo y esposa, por medio del cual aceptan dejar que ella se salga con la suya".[2]

No obstante, la Biblia nos dice que hay un orden divino de creación: "Pero quiero que sepáis que Cristo es la cabeza de todo varón, y el varón es la cabeza de la mujer, y Dios la cabeza de Cristo" (1 Co. 11:3).

En otras palabras, todo hombre es responsable ante Cristo, la mujer es responsable ante su esposo, y Cristo es responsable ante Dios. Si Cristo fue tan humilde para someterse a la voluntad de su Padre (Mt. 26:39), sin duda alguna, como seres humanos, no estamos por sobre la sumisión. Al pensar en lo que la Palabra de Dios dice acerca de flexibilizarte ante otros

---

1. Karen Ehman, *Let. It. Go.: How to Stop Running the Show and Start Walking in Faith* (Grand Rapids, MI: Zondervan, 2012), p. 68.
2. Denny Davis, "Marriage Humor", en línea, www.dennydavis.net/poemfiles/mrg2.htm (consultado el 2 de mayo, 2013).

(incluso tu esposo) y considerar a los demás como superiores a ti misma, resultarás cambiada y suavizada para lo mejor. Liz Curtis Higgs declara:

> Creo que estar en la Palabra de Dios nos vuelve a crear a un nivel celular. De veras. Creo que somos renovadas en nuestra conducta misma, en nuestro temperamento y en cómo manejamos todo. Creo que un esposo nota eso. Cualquier cosa de lo que no tengas mucho, como ternura o paciencia, será evidente para tu esposo a medida que crezcas más y más en esos aspectos. Y tendrás una relación muy dulce con Dios.
>
> Isaías 54:5 dice: "tu marido es tu Hacedor; Jehová de los ejércitos es su nombre". Cuando haces que Dios sea realmente tu esposo, aquel a quien más amas, con quien estás en deuda, y a quien obedeces, no existe hombre vivo que no te quiera por esposa; vas a ser más tierna, más amorosa y también más fuerte. No se trata de convertirte en alfombra, ¡de ninguna manera! Una mujer que sabe que es amada por Dios, y que está centrada en Él, es poderosa y fuerte por todas las razones correctas. En conclusión, una esposa feliz es una mujer feliz con su Señor.[3]

Siempre hay una vuelta en U

Hace unos años, me dieron una multa por velocidad en mi camino a casa desde Costco. Recuerdo haberle dicho al policía que lo sentía mucho, pero que tenía prisa porque mi niña pequeña necesitaba una siesta y mi niño pequeño había dicho que tenía que ir al baño. Aun así, me impuso la multa. Decidí asistir a la escuela de conducción a fin de reducir mi multa, y al final de mi largo día en clases, jugamos *Jeopardy* para evaluación. Una de las preguntas fue: "¿Cómo se llama cuando estás manejando por la calle y giras para ir en dirección opuesta?". ¿Puedes creer que la mujer sentada frente a mí se saltó esa pregunta? Salvé a mi equipo con la respuesta brillante: "Vuelta en U".

Si has estado luchando por el control en tu matrimonio y te has estado dirigiendo en la dirección equivocada, hoy es un gran día para hacer una "vuelta en U". Después de todo, esto podría salvar a tu equipo de marido y mujer.

3. Entrevista con Liz Curtis Higgs.

Imagen de hoy

Imagina que conduces a casa por una autopista llamada "Mi Vida". Hay una intersección en la carretera. Una dirección tiene un letrero que dice: "Tengo el control". La otra dirección dice: "Entrego el control a Dios". ¿Qué sendero eliges y por qué?

Oración de hoy

Señor, crea en mí un corazón limpio y renueva un espíritu recto dentro de mí. Cedo hoy ante tu Espíritu Santo. Haz tu voluntad en mi vida. Ayúdame a cederte el control de mi existencia. No puedo ver el futuro como puedes hacerlo tú. Confío en tu juicio y comprometo mis planes a tu cuidado.

Día 27

El Padre sabe qué es lo mejor

Por tanto, Jehová esperará para tener piedad de vosotros, y por tanto, será exaltado teniendo de vosotros misericordia; porque Jehová es Dios justo; bienaventurados todos los que confían en él.

Isaías 30:18

Esta mañana James puso a hervir avena en la estufa y fijó el temporizador para seis minutos. Le dijo a Ethan que apagara la estufa cuando sonara el temporizador. Entré a la cocina cuando se oyó el sonido. Obedientemente, Ethan apagó la hornilla, pero pude ver que la avena debía cocinarse un poco más. Sin embargo, pensé: *James dijo que la apagara. Haremos eso y veremos qué sucede.* Después de todo, la semana pasada yo había echado a perder la avena.

Pocos minutos más tarde, James entró a la cocina y me dijo: "¿Por qué apagaste la avena? ¿No pudiste ver que necesita cocinarse más?".

Hice caso omiso de mi sentido común con relación a la avena, creyendo que podría culpar a James, ya que fue él quien dio instrucciones de apagarla cuando sonara el temporizador. A veces hay tensión entre obedecer el liderazgo de nuestro esposo y hacer uso del sentido común, ¿no es verdad? Y también existe la jerarquía de escuchar la voz de Dios por sobre todo. Cindi McMenamin arroja luz sobre este equilibrio importante:

> Debido a que me casé con un pastor y hombre maravilloso, fue muy fácil ponerlo en el lugar de Dios sin que me diera cuenta. Hugh no puede satisfacer todas mis necesidades. Él no puede ser quien me satisfaga y me dé sentido de propósito. No puede satisfacer cada una de mis necesidades emocionales. Debía ir primero a Dios. Tuve que dar preferencia a Dios y verlo como mi esposo espiritual. Mi principal satisfacción y sustento viene del Señor. Eso le quitó a Hugh un enorme

> peso de encima y también me convirtió en una esposa feliz. De repente, yo no estaba poniendo esa carga en mi esposo ni era esa mujer insatisfecha.[4]

Solo Dios puede llevarte

Aún más importante que rendirte a tu esposo es rendirte a Dios. ¿Eres capaz de someterte a la voluntad de Dios, incluso cuando su plan parezca chocar con el tuyo? Jesús mismo tuvo que orar en el huerto de Getsemaní: "¡Padre mío! Si es posible, que pase de mí esta copa de sufrimiento. Sin embargo, quiero que se haga tu voluntad, no la mía" (Mt. 26:39, NTV). Jesús se sometió a la voluntad de su Padre, aunque esto le produjera dolor.

Si eres un ser humano, has experimentado sufrimiento. Es parte inevitable de la vida. Mi época más sombría vino cuando tenía veinte semanas de mi segundo embarazo. Se suponía que era una temporada de gozo y expectativa. Era la víspera del Día de Acción de Gracias, y mis suegros habían atravesado todo el país para celebrar con nosotros. Todos estábamos hacinados en una sala de examen, ansiosos por averiguar mediante el ultrasonido si yo iba a tener niño o niña. El técnico estaba extrañamente tranquilo, y al final de la cita nos informó que íbamos a tener una niña. ¡Nos pusimos eufóricos!

Pero nuestra alegría duró poco. Más tarde ese mismo día, sonó el teléfono, y era mi médico. "Arlene, odio decir esto, pero tu bebé tiene graves deformaciones cromosómicas y no va a salir adelante. Es probable que muera en el vientre en los próximos días. Realmente me gustaría que fueras hoy mismo al especialista para un ultrasonido detallado, de modo que no tengas que pasar todo el fin de semana de Acción de Gracias sin saberlo".

Horas después, el especialista confirmó que el corazón de nuestra bebita dejaría de latir en cuestión de días, quizá en una o dos semanas como máximo. Ese día de Acción de Gracias fue el más difícil de nuestras vidas. Yo estaba experimentando una situación práctica de la vida real para ver si realmente podía agradecer en todas las circunstancias. No tenía que agradecer a Dios *por* un bebé enfermo, pero podía agradecerle por estar caminando conmigo.

Sin importar lo que yo hiciera físicamente, no podía cambiar el resultado de la salud de mi bebita. Comer verduras, dormir más o salir

4. Entrevista con Cindi McMenamin.

a caminar no ayudaría a mi bebé. No podía hacer nada para controlar lo que estaba sucediendo en mi vientre. ¿No ansiamos ese control como mujeres? Y cuando no podemos controlar nuestras circunstancias, nos preocupamos. Pero preocuparnos tampoco ayuda. *Confiar* me ayudó a seguir adelante.

> Pon toda tu confianza en Dios y no en lo mucho que sabes (Pr. 3:5, TLA).

Cada semana conduje hasta el consultorio del médico, clamándole a Dios en el auto. Oré que Dios curara a mi bebé, que la llevara a su casa en el cielo o que nos diera gracia para cuidar de una niña con necesidades especiales. Semana tras semana, el corazón de esa bebita siguió latiendo. Semana tras semana, oré. *Venga tu reino. Hágase tu voluntad.*

Recibí la mala noticia el día antes de Acción de Gracias, y el día de Navidad seguía embarazada. Estaba agradecida de que nuestra bebita aún estuviera con nosotros para Navidad, pero antes que llegara el Año Nuevo, ese pequeñita se deslizó de mi vientre a la eternidad. En esos días difíciles, descubrí que cuando vives con tu mano abierta hacia Dios en lugar de levantarla empuñada furiosamente, es mucho más fácil encontrar sanidad. Me acerqué quebrantada a Dios y le pedí que me tomara la mano y me sacara de ese valle tenebroso… y Él lo hizo.

Llamamos a nuestra bebita Angel Rose y tuvimos un funeral por ella en la playa para decirle adiós. En la fecha en que debió nacer, el 7 de abril, me hice una prueba de embarazo, ¡y resultó positiva! Una Navidad estábamos despidiendo a Angel Rose. La Navidad siguiente estábamos cargando en nuestros brazos a una bebita sana llamada Noelle Joy.

No pude haber ideado esa historia y el final feliz. Y no cambiaría las lecciones que aprendí acerca de dejar atrás el control y permitir que Dios guíe mi camino.

> Cuando dejo atrás el control
> permitiéndote tomar la iniciativa,
> encuentro descanso para mi alma agotada.
>
> Cuando dejo atrás el control
> y cedo a tu voluntad y tus caminos,
> encuentro paz en todas mis necesidades.

Cuando dejo atrás el control
poniendo tu palabra a prueba,
finalmente descubro que el Padre sabe qué es lo mejor.

Ya no más la reina de la preocupación

Cuando aceptas la idea de que Dios tiene el control y que el Padre sabe realmente qué es lo mejor, esto te permite liberarte de la preocupación. Mi amiga Chris Montgomery es directora de los ministerios de niños en una iglesia. Publicó en su *blog* acerca de ser la reina de la preocupación:

> El antídoto para la preocupación es orar con acción de gracias (Fil. 4:6-7). Es verdad, eso no fue fácil para mí. ¿Preocupación? He tenido mucha experiencia y soy bastante buena con ella. Sin embargo, la ilusión de control que trae es solo eso: una ilusión.
>
> Tengo esta imagen mental que combino con movimiento físico real. Ahueco las manos y las imagino llenas de todas esas emociones caóticas e inquietantes. Las levanto hacia el Señor como una ofrenda, las volteo hacia abajo y, de manera consciente, libero todo el estrés y la preocupación delante de Él. Por último, levanto mis manos hacia Dios, ahuecándolas otra vez, pero en esta ocasión lo hago para que Él pueda llenarlas con lo que tiene para mí en lugar de esa intranquilidad.
>
> Dulces ráfagas de paz se envuelven lentamente alrededor de mi espíritu ansioso. Renuncio a la preocupación y obtengo confianza. Cambio mi ansiedad por la Paz de Dios. Esto le agrada al Señor y me permite dormir por la noche. Alabado sea Dios, la reina ha sido destronada.[5]

Deja que Dios Padre tome el control de tu vida. No hay necesidad de preocuparte ni de trabajar día y noche para organizar tu vida. Libérate de lo que te preocupa; Dios te ha cubierto.

Imagen de hoy

Ahueca tus manos e imagínalas llenas con todas tus preocupaciones y emociones inquietantes. Levántalas a Dios como una ofrenda y deposita

5. Chris Montgomery, "La reina de la preocupación", *An Everyday Voice* (*blog*), 28 de marzo, 2013, en línea, www.aneverydayvoice.com/2013/03/the-queen-of-worry.html (consultado el 7 de mayo, 2013).

esas preocupaciones a sus pies. Ahueca tus manos una vez más y pídele a Dios que te llene con su paz y su sabiduría.

Oración de hoy

Señor, te entrego mi ansiedad y mis preocupaciones. Tu Palabra declara que eche todas mis inquietudes sobre ti porque tú cuidas de mí. Gracias por amarme y por saber lo que necesito aun antes de que yo misma lo sepa. Confío en tus caminos, aunque no entienda lo que está sucediendo alrededor de mí. Elijo poner mi esperanza en ti. Tú nunca cambias y siempre puedes satisfacer cada una de mis necesidades y mucho más. Querido Padre, toma el control de mi vida.

Día 28

Un paso adelante y un paso atrás

Esfuérzate y sé valiente; porque tú repartirás a este pueblo por heredad la tierra de la cual juré a sus padres que la daría a ellos.

Josué 1:6

Piensa en cuánto público atrajeron películas de gran éxito, como Gladiador y Corazón valiente. Esas películas están centradas en hombres de gran valor, que dieron un paso adelante cuando todos los demás retrocedieron. Como esposas, ¿no anhelamos que un hombre fuerte como esos nos rescate y nos proteja cuando sea necesario? Sin embargo, es posible que tu superhéroe se parezca más a un teleadicto. ¿Sabes qué? Puedes contribuir decisivamente a su transformación.

Si tu esposo se siente usurpado por tu control en el hogar, después de un tiempo dejará de tratar de dirigir. Dejará que tú tomes las grandes y pequeñas decisiones. Sin duda, en el matrimonio se hacen concesiones mutuas. No debes ser una socia silenciosa, mientras él toma todas las decisiones. Pero cuando tu esposo cree que tú llevas los pantalones en la familia, es desmoralizador para él. Tu insatisfacción con el liderazgo de tu esposo conducirá a la pasividad. La pasividad en él producirá más insatisfacción en ti. Y ese ciclo malsano gira, gira y gira.

La mujer moderna quiere que su hombre dé un paso adelante y asuma sus responsabilidades. Pero cuando da un paso adelante, a menudo encuentra crítica en lugar de elogio. Cuando decimos a nuestros esposos que den un paso adelante, también debemos estar preparadas para retroceder y darle espacio a su liderazgo.

La mejor manera

John Wooden, exentrenador del equipo de baloncesto, batidor de récords de la Universidad de California, Los Ángeles, ganó diez campeonatos nacionales en doce años. Sin embargo, con todo su éxito en la cancha, creía tener un matrimonio aún más exitoso. En su libro *Wooden:*

A Lifetime of Observations and Reflections On and Off the Court [Wooden: Una vida de observaciones y reflexiones dentro y fuera de la cancha], escribió:

> ¿Comenzó tu matrimonio con amor? Por supuesto que sí. Por tanto, mira hacia atrás. ¿Eras más considerado entonces? ¿Has perdido eso por alguna razón? El matrimonio requiere que cada socio escuche a la otra parte. Es como lo que afirmo acerca del liderazgo: "Debes estar interesado en encontrar la mejor manera, no en hacerlo a tu manera". Lo mismo se aplica al matrimonio: No seas obstinado ni insistas en hacer las cosas a tu manera. Busca un modo que funcione para ustedes dos.[6]

Debes estar interesada en encontrar la mejor manera. Piensa en la relación con tu esposo. ¿Ejerces presión por tu manera o por la manera de beneficio mutuo? ¿Respaldas sus decisiones y le permites dirigir en el hogar? Mis hijos saben que si me piden helado y les digo que sí, pero resulta que James ya les había dicho que no, no hay discusión. Diré: "No sabía que papá había dicho que no. Ustedes saben que papá toma la decisión final". A veces no estoy de acuerdo con su decisión, pero eso es secundario frente a mi compromiso de honrarlo en nuestra casa.

Como la ocasión en que James me obligó a intensificar el esfuerzo, incluso cuando yo tenía un tobillo dañado. Estaba recuperándome de un esguince, por lo que no podía hacer ejercicio que pusiera presión sobre el tobillo. Un momento perfecto para unas vacaciones del gimnasio, ¿verdad? No según mi entrenador personal, James. Él declaró que nadar sería perfecto para mí. Dijo que él vigilaría a los niños para que yo pudiera ir a nadar al gimnasio.

Sin embargo, yo no *quería* ir a nadar. No soy buena nadadora (piensa en el estilo perrito). Uso lentes de contacto, y no me gusta meterme bajo el agua. Pero sin mis lentes de contacto soy tan ciega como un murciélago que no sabe nadar. Yo había visto a las personas en la piscina, y sin duda alguna, no nadaban como yo. Cuando James me presionó a agarrar mi traje de baño y ponerme en marcha, le dije algunas palabras que no encajarían en mi perfil de "esposa feliz". Me quejé todo el camino hasta el auto, caminé a rastras hasta ese vestuario e ingresé a las extrañas instalaciones de la piscina.

---

6. John Wooden y Steve Jamison, *Wooden: A Lifetime of Observations and Reflections On and Off the Court* (Chicago: Contemporary Books, 1997), p. 19.

Al principio el agua estaba fría. Yo tenía el ánimo por los suelos y estaba avergonzada. Pero después de una o dos vueltas (y el consuelo que sentí al ver a alguien unos carriles más abajo que parecía más tonto que yo), comencé a disfrutar. Cuando todo estaba dicho y hecho, me hallaba feliz por el ejercicio. Ser complaciente con James había sido doloroso en el momento, pero el resultado final fue muy positivo. Nadar se convirtió en mi ejercicio básico mientras mi tobillo sanaba.

Flexibilizarte ante tu esposo puede sentirse como entrar a una piscina helada. *¿Debería estar realmente haciendo esto? Hummm, esto se siente incómodo. Tal vez deba salir de aquí.* No obstante, mi amiga, si aguantas, estarás dando brazadas perfectas con tu esposo en solo unas cuantas vueltas.

Búsqueda de valor

En su libro *Stepping Up: A Call to Courageous Manhood* [Intensificación: Un llamado a la masculinidad valiente], Dennis Rainey escribe:

> Creo que hay algo en el pecho del hombre que responde de una manera única a las historias de valor. Hay una parte en el corazón de todo hombre que anhela ser valiente, intrépido y con agallas, y esculpir una marca masculina de valentía en el paisaje humano…
>
> Valor auténtico es realizar tu deber bajo ataque. Y a lo largo de nuestras vidas, todos enfrentamos situaciones que requieren ese tipo de valor. Valor en casa, proteger a nuestras esposas e hijos. Valor moral en el mercado. Convertirnos en los hombres que Dios quiere que seamos, a pesar de todas las presiones que enfrentemos en el mundo.[7]

Tu marido desea levantarse para ser el héroe en tu vida. Tú eres la única que puede permitirle el privilegio de protegerte y guiarte. Si tu hogar es el escenario en que se desarrolla la vida real, tu esposo no quiere disputarte el papel principal. Pero si tú menguas, le darás el valor para ascender. Muchos hombres tienen miedo de subir y liderar porque no saben si fracasarán o triunfarán. Tú puedes darle la seguridad de que preferirías que intentara y fracasara, en lugar de ser un miembro pasivo en la familia.

---

7. Dennis Rainey, *Stepping Up: A Call to Courageous Manhood* (Little Rock, AR: Family Life Publishing, 2011), p. 5.

Quizá te gustaría que tu esposo fuera el líder del hogar, pero no estás segura de que pueda serlo de veras. Puedes buscar en la Palabra de Dios el valor que necesitas para renunciar. El esposo de Lynn Donovan no es cristiano, y eso puede crear conflicto en la toma de decisiones y la vida diaria. Ella descubrió que la incredulidad de su marido la impulsó a leer más la Biblia; debía aprender realmente qué significaba amar a su esposo mediante el poder de Jesucristo.

> Yo tenía mucho egoísmo y muchas expectativas de este hombre que solo era un ser humano. Finalmente, hice una cita matutina diaria con el Rey de reyes para leer la Palabra de Dios y orar, y eso me cambió la vida. Al tener la Palabra de Dios difundida en mí, aprendí a despojarme de mi egoísmo. Aprendí a rendir algunas cosas. Oro y le entrego a Dios mis frustraciones. Oro y le pido que me llene con su amor. Oro y le pido al Espíritu Santo que esté en mí. Lo más fabuloso acerca del Dios vivo del universo es que llenó esas brechas que mi esposo mortal e imperfecto no podía llenar.[8]

¿Estás lista para que Dios llene las brechas? ¿Estás lista para que tu esposo se convierta en el hombre que Dios quiere que sea? Todo empieza con un paso atrás a fin de que tu esposo pueda asumir responsabilidades. Déjalo liderar. Estarás feliz de hacerlo.

Imagen de hoy

Imagínate parada en un escenario, que representa tu hogar. Sostienes un micrófono y pides instrucciones a gritos. Tu esposo está sentado en primera fila, deseando que le entregues el micrófono porque tiene algo que decir. ¿Le pasas el micrófono con alegría o a regañadientes?

Oración de hoy

Señor, glorifícate en mi casa. Ayúdame a confiar en el liderazgo de mi esposo, mientras trabajamos juntos como un equipo. Muéstrame el modo de animarlo como hombre y líder. Me humillo delante de ti y te pido que traigas orden y paz a mi matrimonio.

8. Entrevista con Lynn Donovan.

Día 29

Orgullosa de servir

Jehová dio, y Jehová quitó; sea el nombre de Jehová bendito.
Job 1:21

¿Qué pasa si ya rendiste ante Dios a tu esposo, pero el problema se ha agravado en tu vida? ¿Cómo puedes hallar gozo en medio de circunstancias insoportables? Toda esposa atraviesa temporadas de dolor y sufrimiento. Tal vez se trate de un problema marital o de una crisis financiera. O como en el caso de Carol Kent, se trata de un hijo desesperado.

Carol y su esposo Gene habían estado felizmente casados por muchos años. Estaban orgullosos de su único hijo, Jason, quien era graduado de la Academia Naval de los Estados Unidos y tenía por delante una brillante carrera. Pero tan pronto como puedes pulsar el interruptor de la luz, la vida de los Kent pasó de soleada a tenebrosa. El hijo había sido acusado de asesinato en primer grado.

Jason se había casado con una mujer que antes estuvo casada y que tenía dos niñas pequeñas, y había muchas acusaciones de maltrato recibido por parte del padre biológico. Parecía que el hombre estaba a punto de obtener visitas sin supervisión con las niñas, y Jason quiso resolver las cosas. Se obsesionó con eliminar esa amenaza de maltrato y perjuicio a su familia. Fatalmente, asumió el papel de vengador y le disparó al exesposo de su mujer. Carol y Gene se vieron lanzados a una espera de dos años y medio a través de siete aplazamientos de juicio. Fue abrumador. Carol expresa:

> Cuando enfrentas un juicio de magnitud gigantesca, las cosas pequeñas se vuelven enormes. Gene y yo descubrimos que a veces nos poníamos quisquillosos uno con el otro por cosas muy pequeñas. Era una locura. Tal vez yo no había ordenado el estante en mi baño, y él declaraba: "Esto parece un desastre".

> Yo a su vez le gritaba: "Todas las demás habitaciones en esta casa están listas ahora mismo para que cualquier persona nos visite, ¿no puedo tener este único y simple espacio pequeño para mí?". Yo comenzaba a llorar, lo cual parece muy melodramático en retrospectiva, pero luego decíamos: "Este no es el verdadero problema, ¿verdad?".
>
> Ambos nos dimos cuenta de que teníamos que tomar una decisión. Al instante podíamos reconocer que todo lo que iba mal parecía exagerado, y en realidad se trataba del problema enorme en nuestra vida para el cual teníamos que estar juntos, o no podríamos superarlo. Creo que muchas veces las personas simplemente empiezan a pelear y luego piensan: *No podemos lograrlo. Nuestro matrimonio está destruyéndose.* Y a menudo cuando hay una crisis gigantesca en una familia, ves cómo un matrimonio se destruye debido a que, simplemente, se vuelve muy difícil mantener la comunicación sin que la emoción participe.

Un veredicto difícil

En el 2002, Jason fue hallado culpable de asesinato en primer grado. Fue condenado a cadena perpetua. Por medio de sus cartas desde la cárcel, ha participado en todos los capítulos del libro de Carol, *Between a Rock and a Grace Place* [Entre una roca y un lugar de gracia]. Jason está auténticamente arrepentido, y sus padres lo extrañan muchísimo. Carol manifiesta:

> Voy al clóset y veo un uniforme de la academia naval, y experimento esa abrumadora sensación de que la vida nunca volverá a ser nuestra. Y así nos damos permiso mutuo para llorar. A pesar de que tenemos gozo y felicidad en nuestros corazones, que solo pueden explicarse en la dimensión sobrenatural, está bien darnos permiso para tener también algunos días de aflicción. Pues, de otra manera, todo se convertiría simplemente en una sonrisa plástica de optimista redomada en que damos palmaditas y decimos: "Hola, Dios es bueno. Mañana será el paraíso, y todo estará bien". A veces olvidamos que vivimos en un mundo muy caído, donde hasta a personas cristianas les ocurren cosas malas.
>
> La alegría es un proceso. Empiezas comunicándote a diario

> con Dios. A veces esa salpicadura de gozo viene en un versículo bíblico que salta a la vista cuando lo lees. No tenemos la vida que queríamos, pero sí tenemos una vida que está llena con propósito e, incluso, con alegría por lo que Dios nos ha permitido hacer con esta experiencia horrible que nos ha acontecido. Tuvimos la opción de usarla como una plataforma sobre la cual podemos ofrecer esperanza a otros, y eso nos produce mucho gozo.
>
> Otra manera de conservar la alegría y encontrar felicidad es estar seguros de mantenernos involucrados con la gente, ya que cuando atraviesas un lugar difícil, es natural encerrarnos y no estar disponibles. Pero ese es realmente el momento en que más debes estar, por lo menos, con alguien más.

Hazte un favor y toma este consejo de una mujer piadosa que ha soportado más de lo que la mayoría de nosotras jamás experimentaremos. *Permítete llorar. Comunícate a diario con Dios. Permanece buscando sus salpicaduras de gozo. Utiliza tus dificultades como una plataforma para dar esperanza a otros. Mantente involucrada con otras personas.*

Multiplicación divina

Vi una camioneta con grandes palabras escritas en la ventanilla trasera: "Me alegra estar aquí, orgulloso de servir". Esa parece una actitud apropiada para alguien que está sirviendo a Cristo, ¿no es verdad? Somos felices de formar parte de la familia de Dios y estamos orgullosas de servirlo dondequiera que nos envíe. Tal vez has pasado momentos difíciles y te has encontrado en desacuerdo con tu esposo, simplemente, porque están en desacuerdo con la vida. Recuerda que hay gozo esperándote cuando cedes ante tu esposo y lo valoras por sobre ti misma, incluso cuando estás dolida. Pon atención a estas palabras de Carol:

> La respuesta auténtica para encontrar la alegría de flexibilizarte es que hay algo casi sobrenatural y muy piadoso que sucede cuando cedemos ante nuestros esposos y cuando cedemos ante Dios. Descubres que la alegría que llevas a esa persona es tan grande que simplemente vierte a cambio todo el amor sobre ti. Se trata de asociarse uno con el otro. Uno se rinde a uno, a su vez el otro se flexibiliza. Es como cuando caes en el abrazo de Dios. Sientes que te ama y sencillamente no puedes

> resistirlo. Y entonces quieres amarlo incluso más. Es un tipo de multiplicación de cosas.[9]

Mi hijo de ocho años, Ethan, tiene todos los días lo que se llama el minuto loco en clase de matemáticas. Se trata de un ejercicio para ver cuántos problemas de multiplicación pueden completar los estudiantes en un minuto. El objetivo es noventa. Es una locura, ¿verdad que sí? Podrías creer que es una locura flexibilizarte y ceder ante tu esposo y ante Dios durante los tiempos de crisis. Pero recuerda que se parece un poco a las matemáticas locas. Cuando cedes ante tu esposo, él se flexibilizará con mayor facilidad hacia ti, y la felicidad en tu hogar se multiplicará.

No dejes que las dificultades te separen de tu esposo. Ataca el problema, no se ataquen uno al otro. Apóyense en los brazos fuertes de Dios y alístense para verlo obrar con salpicaduras de alegría y multiplicación divina.

Imagen de hoy

Si estás experimentando una importante desilusión en la vida, usa lo siguiente como una lista de cosas por hacer e imagínate marcando cada una:

- ☐ Permítete llorar.
- ☐ Comunícate a diario con Dios.
- ☐ Mantente buscando sus salpicaduras de alegría.
- ☐ Usa tus dificultades como una plataforma para llevar esperanza a otros.
- ☐ Permanece involucrada con personas, en especial con tu esposo.

Oración de hoy

Señor, ¡tú puedes hacer cualquier cosa! Puedes hacer un camino donde no lo hay, y arroyos en el desierto. Ven y haz algo nuevo en mi vida. Renueva mi esperanza y mi gozo ahora mismo, mientras oro. Me flexibilizo totalmente a tu plan y a tu voluntad para mi vida. Buscaré tus salpicaduras de alegría hoy. No permitiré que Satanás me separe de mi esposo. En lugar de eso, corremos ahora mismo bajo la sombra del Todopoderoso y te pedimos que nos libres del mal.

9. Entrevista con Carol Kent.

Día 30

Cómo volvernos locos

Mas el fruto del Espíritu es amor, gozo, paz, paciencia, benignidad, bondad, fe, mansedumbre, templanza.
GÁLATAS 5:22-23

¿Qué clase de fruto está produciendo tu matrimonio? Cuando Hayley DiMarco se casó, su primer año de matrimonio no estaba dando mucho fruto bueno. Al contrario, estaba arrojando un montón de platos rotos. Ella y su esposo Michael ya tenían más de treinta años de edad y habían establecido sus costumbres cuando se casaron. El cortejo fue de ensueño, pero cuando llegó el momento de combinar vidas y familias, sus mundos se trastornaron. En su libro *The Fruitful Wife* [La esposa fructífera], Hayley escribe:

> No entendíamos nada uno del otro, excepto que no nos entendíamos uno al otro. Nuestras peleas parecían monumentales. También lo era nuestra frustración e ira. Con el fin de salvar la puerta de nuestro dormitorio y la porcelana china, ambos tomamos acción. Michael compró un saco de boxeo, y yo fui a la tienda y compré un montón de platos baratos. Nuestro sótano/garaje era subterráneo y estaba cubierto con una pared de roca. Así que instalamos nuestras estaciones de "manejo de la ira" en el garaje con un gran montón de platos de cerámica para mí y un saco de boxeo para él. Cada vez que discutíamos, que era casi todos los días, yo bajaba corriendo las escaleras, levantaba un plato y gritaba mientras lo lanzaba alocadamente contra la pared.
>
> Antes de casarnos, la vida fructífera llegó fácilmente... Pero después del matrimonio, la vida provechosa estaba en oposición directa a mis sentimientos de amargura, ira, duda y dolor. Llegué a comprender que el fruto del Espíritu no se manifiesta tanto cuando la vida es un sueño, cuando no existen roces, pruebas, sufrimientos ni componendas. Lo que

> se muestra en tales momentos de perfección es el fruto de la carne que se ve en Romanos 8:5: "Porque los que son de la carne piensan en las cosas de la carne".[10]

La carne actúa bien cuando todo va bien. Pero solo por el Espíritu podemos seguir dando buen fruto, ¡incluso cuando preferiríamos lanzar un plato!

Carreras con cáscaras de banana

Hablando de fruto, una fiesta de cumpleaños especialmente memorable para James incluyó nuestra primera, y última, carrera de cáscaras de banana. Mi esposo, que es agente de bienes raíces, se había llevado nuestros muebles de sala para amoblar una casa vacía que estaba vendiendo. Ya que teníamos una sala vacía, decidimos aprovechar el espacio para hacer algo estrafalario en su fiesta. Imagina una carrera de relevos con una persona sentada en una silla y otra empujando esa silla hasta rodear un cono y regresar. Pon una cáscara de banana debajo de cada pata de la silla, ¡y tendrás un auto de carreras!

A los niños y los adultos nos encantó correr por toda nuestra sala, deslizándonos sobre cáscaras de banana. Todo quedó hecho un desastre resbaladizo, por lo que naturalmente el equipo perdedor tuvo que fregar después el piso de madera (¡gracias, chicos!). Así como las cáscaras de banana debajo de la silla brindaron velocidad y potencia, el Espíritu Santo puede fortalecerte para hacer en tu matrimonio cosas que no puedes hacer sola.

No se espera que constantemente tengas que ser amorosa, alegre, pacífica, paciente, amable, bondadosa, fiel, humilde y autocontrolada, todo por ti misma. Pero puedes tener estas cualidades deseables cuando te entregas al Espíritu Santo de Dios y le permites que haga crecer ese fruto en ti.

Como esposa quizá podrías haberte sentado para esa carrera de cáscaras de banana, lista a deslizarte y ser guiada por el Espíritu Santo de Dios. Pero cuando te empujan hacia alguna parte donde no quieres ir, ya deseas salir del juego. Dena Fuller recuerda cuando el fruto de su vida no coincidió con sus expectativas:

> ¿Quién no quisiera ser un misionero que pueda contar las almas y los huérfanos salvados? Hay ocasiones en que me reprendo:

10. Hayley DiMarco, *The Fruitful Wife* (Wheaton, IL: Crossway, 2012), p. 10.

> *¿Por qué no estás haciendo esto, eso o aquello?* Entonces Dios vuelve a encarrilarme. "No se trata de lo que estés haciendo Dena, sino de quién eres. Eres mía, y estoy atrayéndote hacia mí". Las acciones fluyen de la relación. Se trata de permanecer en Cristo. Él es la vid, y yo soy la rama. No me corresponde elegir el fruto para llevar. No decido si llevo manzanas, uvas o bananas. Esa no es mi decisión. Solo tengo que permanecer en Él.[11]

Tal vez el fruto que ahora mismo estás llevando en tu matrimonio no es exactamente lo que habías imaginado. Pero mientras permanezcas en Cristo y vivas de acuerdo con su Palabra, anímate y resiste.

Insensatez

Es probable que hayas oído que insensatez es hacer lo mismo una y otra vez, y esperar resultados distintos. Ejemplo: Estaba tratando de subir tres fotos de mis hijos a mi página de Facebook. Después de mucho tiempo, aparecieron la segunda y la tercera foto, pero no la primera. Frustrada, seguí otra vez el mismo procedimiento con resultado similar. Después de fallar la tercera vez, comprendí que era mejor tratar algo diferente. Esperé hasta que la primera foto apareciera antes de tratar de subir la segunda. ¡Resultó!

Cuando el fruto del Espíritu que deseas llevar en tu matrimonio no está "subiendo", es un buen momento para dar un paso atrás y preguntarte si hay algo que puedas hacer de modo diferente. Podrías seguir obteniendo los mismos resultados poco satisfactorios si no haces un cambio. ¿Respondes a tu esposo en la carne o en el Espíritu? En otras palabras, ¿te dejas llevar por tu reacción visceral o le pides a Dios que te dé sabiduría antes de hablar?

Que te poden no es un proceso divertido, pero produce fruto si permites que te corrijan y aprendes de tus errores. Según dice Hebreos 12:11: "Es verdad que ninguna disciplina al presente parece ser causa de gozo, sino de tristeza; pero después da fruto apacible de justicia a los que en ella han sido ejercitados".

Fruto bueno

Gracias a Dios para Hayley DiMarco, esos días de romper platos desaparecieron hace tiempo. En su matrimonio, ella y Michael disfrutan

11. Entrevista con Dena Fuller.

el fruto bueno del Espíritu Santo y enseñan a otros a hacer lo mismo. Hayley escribe acerca de la guerra que se libra dentro del corazón de toda esposa:

> No se habla tanto de esta batalla entre la carne y el Espíritu como se habla de los síntomas de la batalla. Hablamos a menudo de nuestros sentimientos de traición, detrimento, rechazo, abandono, aislamiento y frustración, pero ellos no son la causa o raíz del problema, sino los síntomas. El origen yace en nuestra esterilidad espiritual, en nuestra carencia del fruto del Espíritu.[12]

Al igual que Hayley, como esposas debemos ansiar que Dios nos llene con el fruto del Espíritu. A fin de que el amor, el gozo, la paz y la bondad crezcan, el terreno de nuestros corazones debe ser blando y listo para producir. No más días estériles, haciendo el papel de esposa con nuestras propias fuerzas y capacidades. Al contrario, es hora de confiar en el poder de Dios y someter nuestros matrimonios a su Espíritu. El resultado será una cosecha de frutos buenos y sobreabundantes, ¡más fruto del que alguna vez puedas imaginar!

Imagen de hoy

Estás mirando una deliciosa canasta de frutas. Tu boca comienza a volverse agua a medida que observas las coloridas manzanas, las naranjas, las bananas, las fresas, los arándanos y los kiwis. Ninguna de las frutas está podrida. Es más, muchas de ellas parecen enormes.

Oración de hoy

Señor, quiero que mi matrimonio lleve fruto bueno, igual que esa canasta de frutas. No quiero nada descompuesto en mi matrimonio: falta de perdón, amargura, malicia, orgullo o envidia. Doy la espalda a esas cosas. Lléname con el Espíritu Santo y ayúdame a llevar fruto que te sea agradable. Que el fruto del Espíritu (amor, gozo, paz, paciencia, benignidad, bondad, fe, mansedumbre y templanza) sea evidente hoy en mi vida.

12. DiMarco, *The Fruitful Wife*, p. 12.

Día 31

Un gozo perdurable

Vivan en armonía los unos con los otros.
Romanos 12:16 (NVI)

Uno de mis sonidos favoritos es que James toque el piano. Cuando estábamos saliendo, si había un piano en una tienda por departamentos o en un vestíbulo, James se sentaba en el banco y comenzaba a tocar. Él tiene un espíritu libre, por lo que se imaginó que lo peor que podía suceder es que alguien le dijera que no hiciera eso. No recuerdo que le hubieran pedido que dejara de tocar. Sus hermosas melodías siempre mejoraron cualquier espacio.

Antes que tuviéramos el maravilloso piano de su infancia en nuestra casa, tuvimos un piano obsequiado. Tocar este piano era como manejar un Ford Pinto, pero no podíamos quejarnos. Nos lo regaló nuestro vecino cuando se mudó. Ya que el piano no valía mucho, James decidió afinarlo él mismo después de ver algunos videos de YouTube sobre el tema. Me pidió ayuda, y allí fue cuando comenzó el problema.

—¡No toques los martillos! —exclamó enfáticamente.

Yo ni siquiera sabía qué era un martillo. James quiso que me metiera debajo del piano y alineara dos puntos en la parte inferior, mientras él sostenía algo en la parte superior.

Traté lo mejor que pude, pero no podía ver cómo alinearlos de forma adecuada. Me dolió la cabeza mientras yacía sobre los pedales.

—¡Necesito una almohada! —expresé, lo cual James pensó que era una petición ridícula.

—¡Consíguela donde puedas verla! —cuestionó—. ¡Alinea primero el punto en la parte trasera!

Me pregunté cuál era la parte trasera. No podía ver nada y no entendía lo que James quería que hiciera. Él se estaba poniendo más tenso, y yo me estaba poniendo más a la defensiva. Después de muchos intentos fallidos, me dijo que olvidara el asunto. Él mismo solucionaría el problema. Quedé libre de mi deber en el piano, lo que resultó ser un alivio, pero recuerdo haberme sentido totalmente inútil.

—¡Necesito tu ayuda! —vociferó pocos minutos después.

—¡Pero me dijiste que me fuera!

De nuevo intenté alinearlo todo, pero tampoco pude lograrlo. Por último, James logró encajar todo por sí mismo.

Esta chistosa experiencia de afinar el piano había sido el punto bajo de nuestro día. Algo nada armonioso. Le expliqué que yo no estaba hecha para hacer cosas como esa y que, en realidad, no pude entender nada. James estaba desconcertado de que yo no pudiera hacer algo que parecía tan sencillo para él.

Al tratar de lograr esa hermosa nota de armonía y unidad en un matrimonio, a veces las cosas no se alinean muy bien.

Nota de unidad

Cuando tu esposo y tú dijeron "Sí", la Biblia nos dice que ambos se volvieron uno. Qué misterio perderte y encontrarte todo al mismo tiempo. Los matrimonios más felices hacen esfuerzos por mantener esa nota de unidad, trabajando como un equipo, flexibilizándose voluntariamente uno al otro toda la vida. Marjorie Blanchard declara:

> Una de las cosas en que Ken y yo nos esforzamos es por estar unidos en las decisiones que tomamos, en particular las grandes decisiones, como mudarnos, una compra grande o renunciar a un trabajo. Si Dios quisiera que ambos pensáramos exactamente igual, ni siquiera seríamos una pareja. Cuando Ken y yo nos esforzamos por lograr un punto de vista unificado, entonces nuestras decisiones por lo general son mejores. Si no podemos llegar a un acuerdo, generalmente posponemos la decisión. Recopilamos más información de tal modo que estemos mejor ubicados para tener unidad en nuestras decisiones.[13]

El mejor plan de Dios para el matrimonio es que esposo y esposa experimenten unidad. Génesis 2:24 dice que marido y mujer fueron creados para convertirse en "una sola carne". Pero el pecado en el huerto del Edén hace tanto tiempo introdujo:

---

13. Entrevista con Marjorie Blanchard.

Culpa: "¡Ella me hizo comer esa fruta!".
Vergüenza: "Tuve miedo porque estaba desnudo, y por eso me escondí".
Dolor: El drama se desarrolla con el parto y la lucha por el control.

Hay que trabajar duro para lograr unidad en el matrimonio. En el Nuevo Testamento, algunos fariseos probaron a Jesús preguntándole si era lícito que un hombre se divorciara de su esposa. Jesús preguntó qué es lo que Moisés había ordenado.

> Ellos dijeron: Moisés permitió dar carta de divorcio, y repudiarla. Y respondiendo Jesús, les dijo: Por la dureza de vuestro corazón os escribió este mandamiento; pero al principio de la creación, varón y hembra los hizo Dios. Por esto dejará el hombre a su padre y a su madre, y se unirá a su mujer, y los dos serán una sola carne; así que no son ya más dos, sino uno. Por tanto, lo que Dios juntó, no lo separe el hombre" (Mr. 10:4-9).

Deseo que hagas una pausa y consideres las palabras directas de Jesús: *Fue por la dureza de vuestro corazón.* Debemos guardar con diligencia nuestros corazones para que no se endurezcan de ese modo. Una forma de mantener tu corazón blando y flexible delante de Dios y de tu esposo es ser constantemente enseñable. Proverbios 29:18 declara: "¡dichoso aquél que obedece la ley!" (RVC).

A la dicha a menudo se la describe como hacer las cosas a tu manera. Pero la dicha perdurable se encuentra en hacer las cosas a la manera de Dios.

Da masajes (aunque no sientas hacerlo)

Era ese momento del mes, y yo no estaba sintiendo una pizca de ternura por James. Él no había hecho nada malo; simplemente me hallaba irritada. Ya que escribo acerca de ser una esposa feliz, pensé en hacer un experimento en mí misma. Actuaría de forma cariñosa y tierna hacia James, y vería si mis sentimientos seguirían.

Al final del largo día, con mucha fanfarria le anuncié a James: "¡Te daré un masaje de diez minutos!". ¿Me *sentía* con ganas de darle un masaje de diez minutos? De ninguna manera. ¡Yo quería *recibir* un masaje de diez minutos! ¿Y sabes qué? Después de esos simples diez minutos de servir a mi esposo, me sentí muchísimo más relajada.

Dios nos ha diseñado de tal modo que recibamos bendición cuando nos disponemos a bendecir a alguien más. Fui yo quien sirvió, sin embargo, me sentí más feliz y refrescada. Se necesita una medida de fe para actuar en una manera cariñosa cuando no sentimos hacerlo. Pero cuando damos un paso de fe, en la mayoría de los casos el subproducto es felicidad.

A pesar de que tu experimento de 31 días de felicidad en el hogar esté llegando a su fin, sin duda alguna, tu viaje de fresca alegría está en curso. Después de todo tipo de búsqueda del alma y de experimentación, en Eclesiastés 3:12 el rey Salomón escribió: "Yo he conocido que no hay para ellos cosa mejor que alegrarse, y hacer bien en su vida".

Mientras haces buenas obras en tu matrimonio, al esforzarte por alcanzar esa nota de unidad con tu esposo, experimentarás una sonrisa que no expirará. Tendrás un gozo perdurable que te ayudará a través de los años venideros. Pero la frase "felices para siempre" no solo se relaciona con princesas en cuentos de hadas. Es para ti. No obstante, "felices para siempre" no se verá como una pareja a caballo que cabalga en el atardecer. Será algo real.

Imagen de hoy

El letrero "Felices para siempre" cuelga sobre una puerta importante en tu casa. Estas no son solo palabras sentimentales. Estás total y absolutamente convencida de que todos los días con tu esposo serán bendecidos y felices.

Oración de hoy

Señor, te agradezco por este viaje de 31 días para ser una esposa feliz. De todo corazón, deseo tener unidad con mi esposo. Haznos uno. Ayúdame a servirle, incluso cuando no tenga ganas de hacerlo. Que yo experimente la alegría duradera de tener un matrimonio que te agrade y te glorifique. Sé que quieres que mi esposo y yo vivamos felices para siempre. Acércanos más a ti y uno al otro todos los días. Queremos que nuestro matrimonio brille como una luz resplandeciente para ti.

Conclusión

¿Así que la felicidad no es un sentimiento?

En los últimos 31 días, has observado que la felicidad no está definida como esa sensación que obtienes cuando tu esposo llega a casa trayendo cena y rosas. La felicidad se parece más a un regalo que recibes cuando decides ser agradecida. ¿Recuerdas cómo era la vida antes de conocer a tu esposo? Anhelabas alguien alto, moreno y guapo que te alejara de una vida de soledad. Me encanta esta pequeña historia de Charlie Jones:

> El profesor de inglés intentaba machacar en su clase la importancia de un gran vocabulario. Así que declaró: "Les aseguro que si repiten diez o doce veces una palabra, esta será de ustedes para siempre". En la parte trasera del salón, una presumida alumna respiró profundamente, cerró los ojos y susurró: "Richard, Richard, Richard...".[1]

Hace muchos días, susurrabas una y otra vez el nombre de tu esposo, ¡y conseguiste lo que querías! Cuando James y yo nos comprometimos, él vivía en Dallas, y yo en Virginia Beach. Nos escribíamos casi a diario. He aquí algo que le escribí el 10 de julio de 1998:

> Estimado chico guapo:
>
> ¡Me cuesta esperar para verte! Estoy contando los días. Será tan maravilloso ver tu rostro, tomarte de la mano, olerte el cuello y besar tus labios... un poco de cielo aquí mismo en la tierra.

Ahora mismo estoy riendo mientras leo estas palabras. Me hallaba aturdida de amor en ese entonces. Hoy día, cuando James viene del

1. Jones, *Humor Is Tremendous*, p. 106.

trabajo a casa, miro su rostro. Puedo tomarle la mano, oler su cuello y besarle los labios. Sin embargo, ¿estaré pensando: *Ah, esto es el cielo en la tierra*? Cuando intento recordar de dónde venimos mi esposo y yo, las cosas cambian mucho, ¿verdad? Debes sacar tiempo para recordar tu pasado con gratitud. No te quedes de brazos cruzados, esperando que ese sentimiento de felicidad te alcance y que tu esposo te sorprenda una vez más. Actúa tú primero pensando de forma diferente, de forma *agradecida*. Entonces esa maravillosa sensación de felicidad entrará de prisa detrás de esos pensamientos positivos de acción de gracias.

Cuando llegan días de infelicidad

Sin duda tu esposo te dirá algo insensible y herirá tus sentimientos, tal vez incluso antes que te acuestes esta misma noche. Los momentos de infelicidad en un matrimonio están por venir. La pregunta es: ¿Cómo vas a reaccionar? Debes creer que no le corresponde a tu esposo hacerte feliz. No eres dependiente de él. Tampoco le toca a la vida hacerte feliz. No dependes de circunstancias perfectas. Debes asumir la responsabilidad por tu propia vida y por tu felicidad.

Leslie Vernick ofrece este consejo para ayudarte a manejar emociones negativas:

> A menudo las personas se identifican demasiado con sus emociones. Expresan, por ejemplo: "Estoy muy enojada" o "Soy tan infeliz". Cuando hablan de este modo, la emoción se fortifica más de lo que debería, porque dichas palabras no resultan ser los sentimientos de esas personas. No son la ira que sienten. Solo están sintiendo ira. Debemos enseñarnos a decir: "Estoy consciente de que ahora estoy sintiendo ira". Una vez que tenemos esa conciencia que se encuentra separada de nuestra ira, podemos hacer algo respecto a la ira. Ahora entendemos la realidad de nuestros sentimientos y que no nos poseen. Aquello supone una gran diferencia en cómo decidimos responder a la emoción que estamos sintiendo.[2]

Jamás pienses de ti ni te refieras a ti como una esposa infeliz. Sé consciente de aquellos momentos en que sientes infelicidad y te darás cuenta de que tienes control sobre esa emoción. La infelicidad ya no tiene control sobre ti.

---

2. Entrevista con Leslie Vernick.

Cuando la infelicidad toque la puerta de tu corazón, quiero que recuerdes esta pequeña historia acerca de mi hijo Ethan. Él estaba tonteando en la bañera, fingiendo ser un buzo que se metía debajo del agua para hacer reír a sus hermanas. Una vez en que se sumergió, escuché un golpe y me encogí porque sabía que se había golpeado la cabeza en el fondo de la bañera. Pero en vez de llorar, el chico se puso a reír. Se sintió avergonzado y tonto. La risa había servido eficazmente como anestesia, disminuyendo el dolor del golpe en la cabeza.

Así que la próxima vez que la infelicidad te quiera invadir, salúdala con una gran sonrisa y sentido del humor. Si puedes mantener un corazón alegre, riéndote de los altibajos de la vida matrimonial, tu viaje tendrá muchos más días felices que tristes. Recuerda, ¡un corazón feliz es como medicina!

Tu Palabra del Día

En la secundaria, James tuvo un encuentro con Jesús que le cambió la vida. Se convirtió en un cristiano declarado, que llevaba su Biblia al colegio e incluso a las fiestas. Su apodo era Moisés. Solía llevar la "Palabra del Día", un versículo bíblico que escribía en un pedazo de papel y lo hacía circular por toda la clase. Los compañeros venían a él y le preguntaban: "Hola, James, ¿cuál es la Palabra del Día?". Décadas después, asistí a la reunión de su clase, y sus compañeros todavía le preguntaban por la Palabra del Día.

Nos hemos enfocado en cinco frases clave en este experimento de 31 días para llegar a ser una esposa más feliz. ¿Cuál de estas frases es la que más te ha resonado?

Ten **F**e
Sé adaptabl**E**
Ac**L**ara tus pensamientos
Plan**I**fica
Flexibilí**Z**ate

Cuando me siento gruñona (así es, a veces me siento gruñona), me gusta repasar esta lista en mi mente:

- ☐ ¿Está mi fe puesta en Dios?
- ☐ ¿Me estoy adaptando?

- ☐ ¿Tengo pensamientos claros?
- ☐ ¿Planifico según los propósitos que me he trazado?
- ☐ ¿Me flexibilizo para ceder ante Dios y ante mi esposo?

Repasar estas cinco preguntas me brinda claridad y perspectiva. Pone mis sentimientos en el lugar apropiado. Me ayuda a identificar qué estoy haciendo bien y qué me levanta el ánimo, y también me ayuda a identificar dónde puedo hacer cambios positivos. Mantén en tu mente estas cinco claves para ser FELIZ y comprométete a crecer en estas áreas mucho después de dar vuelta a la última página de este libro.

Disfruta la fiesta

Cuando mi hija Noelle cumplió seis años, invitamos a algunas de sus amigas a nuestra casa para una elegante fiesta de té. Mis padres iban a ayudarme a servir, así que les dije, igual que a James, que usaran camisa blanca y pantalones negros. Como media hora antes de la fiesta, James todavía estaba usando camiseta y pantalones vaqueros. No quise quejarme, pero no pude resistirme a decirle: "No vas a usar *eso*, ¿verdad?".

Varios minutos después, casi no pude reconocer a mi esposo. Estaba usando una camisa blanca de esmoquin y corbatín negro de sus días como mesero en un club campestre, ¡durante el colegio! No solo había encontrado la camisa y el corbatín, sino que aún podía usarlos. Esperó a esas niñas como si fueran de la realeza. Una de las chicas manifestó que James parecía un novio. ¡Y yo no pude haber estado más de acuerdo!

Ese día la actitud solícita de James me impresionó mucho. Fue una jornada especial de esmoquin que siempre recordaré. En el matrimonio, no todos los días son de esmoquin. En realidad, la mayoría son más bien de pantalones vaqueros y camiseta. Pero eso está bien. El matrimonio es una fiesta continua si puedes disfrutar cada día que se te da con aquel a quien amas.

Así que por ahora, amiga mía, te dejo con esta Palabra del Día tomada de 1 Tesalonicenses 5:16-18: "Estad siempre gozosos. Orad sin cesar. Dad gracias en todo, porque esta es la voluntad de Dios para con vosotros en Cristo Jesús".

Afirmaciones diarias de la esposa feliz

- Yo, ________________, soy una esposa feliz que vive con integridad y gratitud. Soy una pacificadora y busco lo bueno en cada situación. Creo que mi matrimonio es mi relación humana más valiosa y festejaré la vida con mi esposo todos los días.
- Espero *confiadamente* el futuro. Pongo mi confianza solo en Dios, y sé que mi matrimonio está seguro en sus manos.
- Soy *adaptable,* no acostumbro hacer las cosas a mi manera. Estoy dispuesta a aprender y cambiar cuando es necesario y provechoso.
- Soy una esposa positiva que tiene conceptos *claros.* Decido sonreír con frecuencia, perdonar con facilidad e inspirar a diario a mi esposo con mis palabras.
- Soy una mujer que *planifico* según los propósitos que me he trazado. Establezco objetivos para mi matrimonio y los alcanzo. Oro, soy disciplinada, soy constante y tengo fuego y pasión por mi matrimonio. Creo que mi matrimonio tendrá repercusiones en generaciones venideras.
- Me *flexibilizo* para ceder ante Dios y mi esposo. Mi corazón es blando. Estoy lista a escuchar. Soy humilde, no orgullosa. No me quejo. Decido agradecer.
- Tengo la firme intención de vivir con alegría y desarrollar mi matrimonio para traer honor y gloria a Dios.

Versículos bíblicos acerca de la felicidad

Pero alégrense todos los que en ti confían; den voces de júbilo para siempre, porque tú los defiendes; en ti se regocijen los que aman tu nombre. Porque tú, oh Jehová, bendecirás al justo; como con un escudo lo rodearás de tu favor (Sal. 5:11-12).

Feliz el pueblo cuyo Dios es el Señor, el pueblo que ha escogido como suyo (Sal. 33:12, DHH).

Prueben, y vean que el Señor es bueno. ¡Feliz el hombre que en él confía! (Sal. 34:8, DHH).

¡Feliz el hombre que confía en el Señor y no busca a los insolentes ni a los que adoran a dioses falsos! (Sal. 40:4, DHH).

Feliz el hombre a quien Dios reprende; no rechaces la reprensión del Todopoderoso (Job 5:17, DHH).

Feliz el hombre a quien escoges y lo llevas a vivir cerca de ti, en las habitaciones de tu templo. ¡Que seamos colmados con lo mejor de tu casa, con la santidad de tu templo! (Sal. 65:4, DHH).

Mas los justos se alegrarán; se gozarán delante de Dios, y saltarán de alegría. Cantad a Dios, cantad salmos a su nombre; exaltad al que cabalga sobre los cielos. JAH es su nombre; alegraos delante de él (Sal. 68:3-4).

Bienaventurados los que habitan en tu casa; perpetuamente te alabarán. *Selah*
Bienaventurado el hombre que tiene en ti sus fuerzas, en cuyo corazón están tus caminos... Jehová de los ejércitos, dichoso el hombre que en ti confía (Sal. 84:4-5,12).

Felices son los que oyen el alegre llamado a la adoración, porque caminarán a la luz de tu presencia, Señor. Todo el día se alegran de tu maravillosa fama; se regocijan por tu justicia (Sal. 89:15-16, NTV).

Felices aquellos a quienes tú disciplinas, Señor, aquellos a los que les enseñas tus instrucciones (Sal. 94:12, NTV).

Felices los que practican la justicia y hacen siempre lo que es justo (Sal. 106:3, DHH).

¡Aleluya! Feliz el hombre que honra al Señor y se complace en sus mandatos (Sal. 112:1, DHH).

Felices los que se conducen sin tacha y siguen la enseñanza del Señor (Sal. 119:1, DHH).

Feliz tú, que honras al Señor y le eres obediente. Comerás del fruto de tu trabajo, serás feliz y te irá bien (Sal. 128:1-2, DHH).

Feliz el que halla sabiduría, el que obtiene inteligencia. La sabiduría es vida para quien la obtiene; ¡felices los que saben retenerla! (Pr. 3:13, 18, DHH).

Corazón alegre, cara feliz; corazón enfermo, semblante triste... Para quien está afligido, todos los días son malos; para quien está contento, son una fiesta constante (Pr. 15:13, 15, DHH).

Al que bien administra, bien le va; ¡feliz aquel que confía en el Señor! (Pr. 16:20, DHH).

¡Felices los hijos que deja quien ha vivido con rectitud y honradez! (Pr. 20:7, DHH).

Feliz el hombre que honra siempre al Señor; pero el terco caerá en la desgracia (Pr. 28:14, DHH).

Donde no hay dirección divina, no hay orden; ¡feliz el pueblo que cumple la ley de Dios! (Pr. 29:18, DHH).

Dios da sabiduría, conocimiento y alegría a quienes son de su agrado... (Ec. 2:26, NTV).

Así que llegué a la conclusión de que no hay nada mejor que alegrarse y disfrutar de la vida mientras podamos (Ec. 3:12, NTV).

Por tanto, Jehová esperará para tener piedad de vosotros, y por tanto, será exaltado teniendo de vosotros misericordia; porque Jehová es Dios justo; bienaventurados todos los que confían en él (Is. 30:18).

Su señor le dijo: Bien, buen siervo y fiel; sobre poco has sido fiel, sobre mucho te pondré; entra en el gozo de tu señor (Mt. 25:21).

A quien amáis sin haberle visto, en quien creyendo, aunque ahora no lo veáis, os alegráis con gozo inefable y glorioso; obteniendo el fin de vuestra fe, que es la salvación de vuestras almas (1 P. 1:8-9).

Guía de reflexión para una esposa feliz

Enfoque 1: Ten fe

1. Cuando piensas en tu matrimonio, ¿de qué te sientes más llena, de confianza o de duda?

2. Narra la historia de cómo conociste a tu esposo.

3. ¿Quién es responsable de hacerte feliz: tú o tu esposo? ¿Por qué?

4. ¿Cómo puedes lidiar con la tendencia de subestimar a tu esposo?

5. En lugar de completar la frase "Yo sería feliz si...", completa esta frase: "Soy feliz porque...".

6. ¿Experimentas una nueva dosis de esperanza cuando oras o cuando alabas a Dios?

7. ¿Qué cosas prácticas puedes hacer esta semana para disminuir tu tiempo en pantalla (teléfonos, televisión, películas, redes sociales) y aumentar el tiempo con tu esposo?

Enfoque 2: Sé adaptable

1. Describe una ocasión en tu matrimonio cuando querías hacer algo que tu esposo deseaba. ¿Llegaste a un arreglo? ¿Protestaste? ¿Hiciste lo que él quería? ¿Qué sucedió?

2. Cuando la vida les lanza algo inesperado a ti y a tu esposo, ¿puedes adaptarte y hacer cambios con facilidad?

3. ¿Te caracterizarías más como pedernal (dura y ajustada a tus maneras) o como arcilla (suave y fácilmente moldeable)?

4. Cuando te ha desilusionado algo que tu esposo ha hecho, ¿cómo respondes por lo general? Idealmente, ¿cómo te gustaría responder?

5. Filipenses 4:12 declara: "Sé vivir humildemente, y sé tener abundancia; en todo y por todo estoy enseñado, así para estar saciado como para tener hambre, así para tener abundancia como para padecer necesidad". ¿Dónde te encuentras en este proceso de aprender a estar contenta?

6. ¿Tienes bastante energía o estás cansada casi siempre? ¿Consigues dormir bien por la noche? ¿Qué cambio puedes hacer para obtener más descanso?

7. ¿Cuánta parte del conflicto en tu matrimonio se centra en la economía? ¿Qué cosa puedes hacer para volverte financieramente más responsable e ingeniosa?

8. ¿Recuerdas el kit de ensalada de Kathi Lipp (las lociones y los aceites para condimentar tu vida amorosa)? ¿Tienes tu propia versión del kit de ensalada? (¡Te doy permiso de saltarte esto si estás sonrojada!) ¿En qué maneras prácticas puedes adaptar tu horario semanal a fin de tener más tiempo para la intimidad con tu esposo?

Enfoque 3: Aclara tus pensamientos

1. ¿Qué tipo de chica te consideras más, un "vaso medio vacío" o un "vaso medio lleno?

2. Escribe tres aspectos que aprecias acerca de tu esposo (puedes escribir más si tienes tiempo).

3. ¿Estás de acuerdo en que delante de tus amigas es socialmente más aceptable quejarte de tu esposo que elogiarlo?

4. ¿Te es difícil controlar las palabras que salen de tu boca? ¿Luchas con la ira o utilizas palabras hirientes hacia tu esposo?

5. Si fueran grabadas todas las palabras que dices a tu esposo durante una semana, ¿cuál crees que sería la relación entre "frases despectivas" y "halagos"?

6. Hazte el propósito de sonreír a tu esposo, por lo menos, cinco veces diarias durante una semana. Se trata de cinco veces separadas en el día, por lo que sonreírle cinco veces en cinco minutos no cuenta. Intenta una sonrisa al despertar, una en el desayuno, otra después del trabajo, una mientras lavas los platos y otra al acostarte. Informa al grupo cualquier cambio que sientas u observes.

7. Completa esta frase: "Es fácil estar casada con mi esposo porque...". Imagina ahora que lo contrario fuera cierto acerca de él. ¿Acaso no estás agradecida por el hombre que tienes?

8. ¿Cómo evitas que haya rencores entre tu esposo y tú?

Enfoque 4: Planifica

1. ¿Hiciste el ejercicio de sonreír de la última serie de preguntas? ¿Aumentó tu estado de ánimo sonreír a propósito?

2. ¿Batallas con el perfeccionismo?

3. Imagina que ser esposa es tu profesión de tiempo completo. ¿Qué fortalezas y debilidades aportarías al trabajo? Nombra algunas nuevas actividades o habilidades que añadirías a tu currículum.

4. ¿Te sientes la mayor parte del tiempo unida o desunida a tu esposo? ¿De qué maneras podrías relacionarte más a menudo con él en tu horario actual?

5. ¿Cuándo tuvieron su última cita y qué hicieron? (Si no lo recuerdas, ¡toma en cuenta que se aproxima el viernes por la noche!).

6. ¿Cómo evitas el aburrimiento en tu matrimonio? ¿De qué maneras te mantienes interesante para ti misma y para tu esposo?

7. ¿Has visto que tus oraciones afectan a tu esposo? ¿Te afectan a ti?

Enfoque 5: Flexibilízate

1. Atención mujeres que desean controlar (que somos la mayoría): ¿Has hallado libertad al ceder el control a Dios?

2. El esposo es cabeza del matrimonio. Da tu opinión.

3. ¿Aumenta la tensión en tu matrimonio el hecho de que trates de controlar tus circunstancias? ¿Disminuye la tensión si entregas tus preocupaciones a Dios?

4. John Wooden escribe: "No seas obstinado ni insistas en hacer las cosas a tu manera. Busca un modo que funcione para ustedes dos". ¿Por qué crees que este es un principio importante para tu matrimonio?

5. ¿Los problemas de la vida te han acercado a Dios y a tu esposo?

6. ¿Qué prueba del fruto del Espíritu (Gálatas 5:22-23) ves en tu matrimonio?

7. Da un ejemplo de algo que hiciste para servir a tu esposo, aunque no tenías deseos de hacerlo. ¿Cómo te sentiste después de llevar a cabo algo amable?

Preguntas de cierre

1. De todas las áreas para llegar a ser una esposa feliz, ¿qué enfoque te retó más?

Ten **F**e
Sé adaptabl**E**
Ac**L**ara tus pensamientos
Plan**I**fica
Flexibilí**Z**ate

2. ¿Qué cambios de actitud has notado en ti en los últimos 31 días?

3. ¿Se han desarrollado sentimientos de felicidad cuando te has propuesto ser más feliz y has actuado de manera más feliz?

4. ¿Qué es aquello que aprendiste acerca de la felicidad mientras leías este libro?

5. ¿Ha observado tu esposo algo distinto en ti?

6. ¿Qué cosas específicas seguirás haciendo después que haya concluido este experimento de 31 días?

____

____

____

Agradecimientos

Gracias a todas las esposas felices que me permitieron entrevistarlas para este libro. Sus ideas me han cautivado; estaré eternamente agradecida por el generoso apoyo que le dieron a este proyecto de hogar feliz.

Dra. Marjorie Blanchard: Me alegro de que nos conociéramos en la comunidad de mujeres profesionales. Gracias por tu amabilidad al contar tus anécdotas personales y por tu peritaje en liderazgo.

Lynn Donovan: Irradias el amor de Cristo. Qué ejemplo eres para mí y para muchas otras personas respecto a estar gozosamente comprometida con tu Salvador y con tu esposo.

Pam Farrel: Una gran arenga para mi asombrosa mentora que ha creído en mí y me ha guiado a través de esta vida de escritora. Eres invaluable. Gracias por mostrarme montones de esposas por medio de tu ejemplo brillante sobre cómo ser feliz.

Dena Fuller: Me sentí honrada al hablar contigo, e inmediatamente me pareció estar hablando con una antigua amiga. Aprecio tu sinceridad y profundidad. Has convertido a tu familia en tu centro de atención, y por tal razón el mundo es un lugar más rico.

Liz Curtis Higgs: Admiro mucho cómo hablas y escribes, y tenerte en mi libro me inspira. Estoy soñando. ¡Qué alegría! Gracias por iluminar el mundo de Bill y nuestro mundo con esa sonrisa de lápiz labial rojo.

Sharon Jaynes: Para miles de personas eres una "enamorada de Dios", y me conmovió que sacaras tiempo para formar parte de mi libro. Gracias por mostrar a las mujeres que es posible superar tu pasado y edificar con determinación un hogar feliz que honre a Dios.

Carol Kent: Conocerte a ti y a Gene en el congreso de Faithlife fue una enorme oportunidad para mí. Eres lo máximo como escritora y conferencista. Gracias por contar a otras personas el viaje de tu vida a fin de traer esperanza.

Kathi Lipp: Mamá Pollita, mi libro es más divertido, más auténtico y más significativo debido a ti. Me encanta tu entusiasmo y tu pasión para ayudar e inspirar a otros. Estoy muy agradecida de poder llamarte amiga.

Cindi McMenamin: Has sido un gran estímulo para mí. Gracias por tus palabras siempre amables y tu buena disposición en ayudarme. Gracias por prestar tu sabiduría para este libro.

Bethany Palmer: Conocerte en *The Better Show* no fue coincidencia. Scott y tú no solo conforman el ministerio The Money Couple, ¡son una pareja muy feliz! Gracias por darnos tu receta para tener éxito con mis lectoras.

Poppy Smith: Nos ayudas a todos a responder esa pregunta: "¿Por qué no puede él ser más como yo?". Gracias por tu sinceridad y ejemplo en crecer juntos, no separados, a pesar de las diferencias. Fue una dicha hablar contigo.

Leslie Vernick: Tienes un don increíble para ayudar a las personas a definir lo que está mal en sus relaciones. Luego enseñas a dar el siguiente paso hacia la realización. Gracias por hacernos partícipes de la sabiduría práctica obtenida de tu vida y experiencia como consejera cristiana.

Fawn Weaver: Es fantástico conocer un espíritu afín que cree que se puede vivir felices para siempre. ¡Me gusta escalar! Gracias por contarnos la historia única y divertida de cómo conociste a Kaith y de cómo te convertiste en una esposa feliz.

A mi esposo James: ¡Desde luego, yo no podría ser una esposa feliz sin ti! Eres mi ingrediente principal, mi ser humano favorito, mi mejor amigo y mi más grande amor. Gracias por ser mi fuente de historias divertidas y por dejarme contárselas a otros. Eres mi versión de "felices para siempre" hecha realidad.

A mis hijos Ethan, Noelle y Lucy: Soy muy bendecida por ser la madre de ustedes. Gracias Ethan por insistirme en que siga escribiendo. Noelle, tus dibujos en mi escritorio me hacen reír. Lucy, te agradezco por tu amor en tratar de ponerte mis zapatos, lo cual te ha mantenido alegremente ocupada mientras escribo. Que vivas siempre en un hogar feliz mientras te conviertes en adulta.

A mi madre Ann y mi suegra Marilyn: Gracias por ser esposas felices de carácter, virtud y alegría.

A mi familia de Harvest House: Gracias por creer en el mensaje de este libro. Soy muy bendecida al trabajar con todos ustedes. Gracias especiales a mi editor, Rod Morris, y a LaRae Weikert, Christianne Debysingh, Brad Moses y Shane White.

Acerca de Arlene Pellicane

Arlene y su feliz esposo James viven en San Diego, California, con sus tres hijos: Ethan, Noelle y Lucy. Arlene también es la autora de *31 días para ser una mamá feliz* y *31 Days to a Happy Husband* (solo disponible en inglés). Junto con el doctor Gary Chapman es coautora de *El reto de criar a tus hijos en un mundo tecnológico*. Antes de convertirse en madre y ama de casa, Arlene trabajaba como ayudante de producción para *Momento Decisivo por televisión con el doctor David Jeremiah*, también era directora de funciones para *El Club 700*. Obtuvo su licenciatura en la Universidad de Biola y su maestría en periodismo en la Universidad de Regent. Arlene ha aparecido como invitada en *Today Show, Fox & Friends, Enfoque a la familia, Vida en familia hoy, El Club 700* y *Momento Decisivo con el doctor David Jeremiah*. Como comunicadora enérgica, Arlene narra historias humorísticas y convincentes con el fin de guiar a las mujeres a un cambio positivo de vida. Para recursos gratuitos junto con información sobre cómo contactar con Arlene para que hable en tu evento, visita www.ArlenePellicane.com.